AF636833

EINFÜHRUNG DER BEIKOST

Bedarfsorientierte Ernährung von Anfang an

Wibke Bein-Wierzbinski

Einführung

Broccoli Weizen

EINFÜHRUNG

Bei der Ernährung des eigenen Kindes möchte man als Elternteil nichts falsch machen. Gerade die Umstellung von Milch- auf Breimahlzeiten bei einem noch recht jungen Kind stellt für viele Eltern eine besondere Herausforderung dar. In Zeitschriften für junge Eltern oder auch in Diskussionsforen wimmelt es nur so von Ratschlägen, die sich zum Teil auch noch widersprechen. Mit dieser Beikost-Broschüre möchte ich Eltern die Möglichkeit geben, sich ein eigenes Bild zu machen in Bezug auf eine gesunderhaltende Ernährung ihres jungen Kindes, damit sie schließlich mit gutem Gewissen ihr Kind ernähren können. Es werden Vor- und Nachteile von Fertiggerichten und selbst hergestellten Babybreien dargestellt. Es wird darauf eingegangen, ab wann Beikost eingeführt werden kann und wie es am besten gelingt. Besonders berücksichtigt werden die Themen Allergievermeidung und Neurodermitis: Eine große Rolle spielt hierbei neben der Wahl der Nahrungsmittel auch deren Zubereitungsart. Wie bereite ich Gemüse, Getreide oder auch Fleisch und Fisch am besten zu, damit die Nährstoffe möglichst gut erhalten bleiben? Darf Tiefkühlware verwendet werden? Welche Fertigprodukte sind nützlich? Wie sollte ein Brei zusammengesetzt sein, damit er gut bekömmlich ist? Und kann ich mit bestimmten Nahrungsmitteln auch kleine Störungen im Wohlbefinden, Erschöpfungszustände, Unruhezustände und andere „Alltagswehwehchen" beeinflussen?

Diese und andere Fragen werden in dieser Broschüre beantwortet unter Berücksichtigung der Ernährungslehre der Bedarfsorientierten Ernährung nach Heinrich Tönnies sowie der Empfehlungen der Deutschen Gesellschaft für Ernährung e.V. (DGE) und der Ernährungskommission der Deutschen Gesellschaft für Kinderheilkunde und Jugendmedizin (dgkj).

Viel Spaß beim Lesen und Ausprobieren!

Das Konzept der Bedarfsorientierten Ernährung ist aus dem Erfahrungsschatz des Heilpraktiker **Heinrich Tönnies** (1936-2006) entstanden, der gezielt Nahrungsmittel zum Heilen von physischen und psychischen Erschöpfungszuständen und zum Aufhalten von Erkrankungen eingesetzt hat. Durch seine gute Beobachtungsgabe und durch ein gutes Körpergefühl ist es ihm gelungen, ernährungsbedingte Ungleichgewichte aufzuspüren und mit Wissen aus biochemischer und ökotrophologischer Fachliteratur abzugleichen und zu ergänzen. Das hier zusammengetragene Wissen stammt größtenteils aus Mitschriften aus seinen Vorlesungen und Sprechstunden und wurde ergänzt durch neuere Erkenntnisse sowie durch eigene Erfahrungen beim täglichen Umsetzen der Bedarfsorientierten Ernährungsweise. Die Pädagogische Praxis für Kindesentwicklung PäPKI® in Hamburg hat sich zur Aufgabe gemacht, das sehr detaillierte Fachwissen aufzuarbeiten und in praxisrelevante und umsetzbare Ernährungsempfehlungen zusammenzufassen.

Die in dieser Broschüre zusammengestellte Rezeptsammlung stammt aus dem Fundus der Pädagogischen Praxis für Kindesentwicklung PäPKI®. Rezepte, die seinerzeit von Heinrich Tönnies zusammengestellt wurden, sind als solche gekennzeichnet.

WANN IST DER RICHTIGE ZEITPUNKT ZUR BEIKOSTEINFÜHRUNG?

Die Einführung der Beikost sollte – wenn möglich – zu einem Zeitpunkt stattfinden, in der die Mutter noch in der Lage ist zu stillen. Muttermilch hilft bei der Verdauung der Beikost. Gerade wenn Getreidebrei eingeführt wird, kann die Verträglichkeit des Klebereiweißes (Gluten) verbessert werden durch das Mitwirken der Enzyme aus der Muttermilch. Allergien und eine Klebereiweißunverträglichkeit (Zöliakie) treten seltener zum Vorschein, wenn Kinder zwischen dem 5. und 7. Lebensmonat mit kleinen Mengen Getreidekost in Kontakt kamen und wenn sie parallel zur Beikosteinführung gestillt werden konnten. Da heutzutage davon ausgegangen wird, dass die meisten Mütter mit dem vollendeten sechsten Lebensmonat abstillen, wird geraten, die Beikosteinführung schon vor diesem Zeitpunkt zu beginnen: Die offizielle Empfehlung seitens der Deutschen Gesellschaft für Ernährung e.V. sowie seitens der Ernährungskommission der Deutschen Gesellschaft für Kinderheilkunde und Jugendmedizin (dgkj) lautet daher, **die Einführung der ersten Breimahlzeit zwischen dem vollendeten vierten bis spätestens sechsten Lebensmonat vorzunehmen.** Monat für Monat wird nun eine Milchmahlzeit durch eine Breimahlzeit ersetzt (s. Beikostfahrplan). Das Ersetzen einer Milchmahlzeit erfolgt zunächst meist noch sehr kleinschrittig. Zu Beginn der Mahlzeit wird das Kind mit ein paar Löffeln des neuen Breis gefüttert. Im Anschluss daran wird das Kind gestillt, bis es satt ist. Meistens dauert das Gewöhnen an den Löffel ein paar Tage bis das Kind etwas mehr Brei zu sich nehmen mag. Da braucht man etwas Geduld.

Literaturempfehlung:

Säuglingsernährung und Ernährung der stillenden Mutter Handlungsempfehlungen
Ein Konsensuspapier im Auftrag des bundesweiten Netzwerk Junge Familie. Monatsschr. Kinderheilkd., Springer-Verlag 2010.

Ernährung gesunder Säuglinge
Empfehlungen der Ernährungskommission der Deutschen Gesellschaft für Kinder- und Jugendmedizin, Monatsschr. Kinderheilkd. Heidelberg: Springer Verlag, 2014: 527–538.

Mögliche Gründe, warum es mit der Einführung der Beikost nicht so recht klappen will

Einige Kinder benötigen jedoch recht viel Zeit, sich an die neue Kost zu gewöhnen. Noch nach Tagen signalisieren sie durch Löffel abwehrendes Verhalten, dass sie genug haben und nicht mit Brei gefüttert werden möchten – und das unabhängig von der Sorte des Breis. Als Elternteil ist man schnell in der Versuchung, den selbst hergestellten Brei als zu wenig schmackhaft für den kleinen Gourmet zu deklarieren und probiert fertige Breisorten aus, die meist sehr fein püriert sind und daher häufig leichter zu schlucken sind.

Wenn die Abwehr des Kindes weiter über viele Tage fortbestehen sollte, kann es sein, dass das Kind körperlich noch nicht in der Lage ist, festere Nahrung, wie z.B. fein gemustes Gemüse, zu schlucken. Bei einer Unreife im Mund-Rachenbereich versucht das Kind, an dem Löffel zunächst zu saugen und beim Schluckversuch drückt es dann mit der Zunge die Nahrung aus dem Mund nach vorne heraus, anstelle sie zu schlucken. Wenn man dieses beobachten kann, ist das Kind noch nicht reif genug, breiförmige Beikost zu schlucken. Zunächst kann man zehn bis vierzehn Tage abwarten, bevor man einen weiteren Versuch startet. Ansonsten ist es sinnvoll, die misslungenen Schluckversuche des Kindes während der nächsten U-Untersuchung bei der Kinderärztin/ beim Kinderarzt anzusprechen und das Kind gegebenenfalls manualmedizinisch oder osteopathisch behandeln zu lassen oder sich bei einer PäPKi®-Therapeutin bzw. einem PäPKi®-Therapeuten beraten zu lassen (siehe: www.paepki.de).

Eine Unreife der Zungen- und Rachenmotorik ist besonders bei Säuglingen zu beobachten, die in den Anfangsmonaten mit wiederkehrenden Nackenproblemen zu kämpfen hatten, wie z.B. mit einer Kopfgelenksdysfunktion. Ebenso sind eine lagebedingte Abflachung des Schädels und Verweigerung der Bauchlage Indizien dafür, dass sich der Zeitpunkt zur Beikosteinführung aufgrund einer Unreife im Mund-Rachenraum etwas weiter nach hinten verschieben kann. Sinnvoll ist es, das Stillen dann ebenfalls etwas länger fortzuführen. Es ist nichts dagegen einzuwenden, wenn das Kind noch bis zum vollendeten ersten Lebensjahr parallel zur Beikost gestillt wird.

Informationen und Hilfe bei Kopfgelenksdysfunktionen

ÄMKA e.V. www.aegamk.de

EWMM www.manmed.org

DGMM e.V. www.dgmm.de

Internationale PäPKi® Gesellschaft e.V. www.paepki.de

VOD e.V. www.osteopathie.de

ZIMMT www.zimmt.eu

Anzeichen für „Beikost-Reife"

- Das Baby kann mit elterlicher Unterstützung im Reitersitz aufrecht am Tisch sitzen.
- Das Berühren der Lippen mit dem Löffel verursacht keine Saugbewegungen.
- Beim Schlucken wird die Zunge nicht nach vorne geschoben, sodass der Brei aus dem Mund geschoben wird (nicht zu verwechseln mit dem Verhalten eines satten Kindes).
- Spätestens, wenn das Baby reges Interesse am Essen anderer zeigt und sich von den Tellern der Großen bedient (s. Baby-led weaning).
- Die reine Milchernährung scheint dem heranwachsenden Kind nicht mehr auszureichen.

BABY-LED WEANING
BEIKOST OHNE ZU FÜTTERN

Dieser neue Trend aus England, bei dem die Beikost eingeführt wird, ohne das Baby mit Brei zu füttern, wird seit einigen Jahren auch in Deutschland immer wieder als „der bessere Weg“ medial vermarktet. Übersetzt heiß „baby-led weaning“ babygesteuerte Entwöhnung (von der Milchnahrung). Es wird davon ausgegangen, dass das Baby sich selbst von der Brust-/Milchnahrung entwöhnt, indem es handgroße und weich gegarte Kost vom Familienessen isst und die Breiphase dadurch auslässt. Das bedeutet auch, dass dem Baby bei der Beikosteinführung und der Wahl der Speisen im wahrsten Sinne des Wortes freie Hand gelassen wird. Anstelle eines zusammengestellten Breis wird dem Baby das selbstbestimmte Auswählen von Speisen ermöglicht, die es in den Mund stecken und probieren kann.

Im Alter von 8 bis 10 Monaten ist es entwicklungsbedingt normal, dass Kinder die Speisen der Großen probieren wollen und sich einfach das ein oder andere leckere Stück vom Teller der anderen angeln und es – meist mit großer Zufriedenheit und Stolz – aufmuffeln.

Bei der Baby-led-weaning-Methode jedoch, wird die Beikosteinführung schon ab dem 5. Monat als möglich dargestellt.

Problematisch an dieser Form der Beikosteinführung wird jedoch gesehen, dass die meisten Kinder im Alter von ca. 5 Monaten noch nicht in der Lage sind, die Auswahl der Speisen derart zu gestalten, dass eine ausgewogene Ernährung zustande kommt. Das ein oder andere Kind ist sicher schon daran interessiert, etwas Essbares in den Mund zu stecken und es zu benuckeln. Dieses erste Probieren dient jedoch nicht einer ausreichen-

PRO:

- Stückchennahrung wird meist frisch zubereitet – Fertiggerichte eignen sich nicht.
- Das Familienessen wird dabei häufig ebenfalls frisch zubereitet.
- Kind lernt die unverfälschten Geschmäcker der einzelnen Lebensmittel kennen.
- Kind lernt die unterschiedlichen Konsistenzen der einzelnen Lebensmittel kennen.

CONTRA:

- Zeitlich nach hinten verschobene Einführung der Beikost – meist erst nach dem 7. vollendeten Lebensmonat startet Baby-led weaning.
- Spätestens ab dem 6. Lebensmonat sind Eisen und Zink nicht mehr ausreichend über die Brustmilch/Säuglingsmilch aufzunehmen – durch gezieltes Zufüttern mit dem ersten Brei, der Fleisch, Fisch oder eisenhaltiges Getreide enthält, kann der Bedarf gedeckt werden.
- Fleisch, Fisch und nicht zu Brei verarbeitetes Getreide eignen sich aufgrund der Aspirationsgefahr nicht als Stückchenkost.
- Allergene aus artfremden Eiweißen sollten nicht vor dem dritten aber auch nicht nach dem 7. Lebensmonat zugeführt werden, um Allergie- und Zöliakieprävention zu betreiben.
- Zu geringe Mengen an Beikost werden durch Stückchenkost aufgenommen, daher reichen die Nährstoff- und Energiedichte meist nicht aus.

den Nahrungsaufnahme.

Insbesondere die Eisen- und Zinkaufnahme scheint mit der Baby-led-weaning-Methode nicht ausreichend gewährleistet zu sein. Ein Säugling kann mit nicht-pürierter Stückchennahrung nicht den im zweiten Lebenshalbjahr besonders hohen Bedarf an Eisen und Zink für die Gehirnentwicklung gerecht werden. Zu decken ist der hohe Bedarf besonders gut mit Fleisch und Fisch – beide tierischen Nahrungsquellen sind jedoch als Stückchennahrung wegen der hohen Verschluckungsgefahr nicht für die Säuglingsanfangsnahrung geeignet, da sie mit der Zunge nicht ausreichend zu zerdrücken sind. Zu Brei verarbeitet lassen sich jedoch Fleisch, Fisch und sogar bei vegetarisch ernährten Kindern eisenreichere Getreide wie Hafer und Hirse gut füttern.

Mit den zuerst kommenden Frontzähnen gelingt es Säuglingen zwar, sogar härtere Nahrung wie roher Kohlrabi oder Apfel abzuschaben, ein echtes Kauen der Speise mit den Backenzähnen gelingt jedoch erst, wenn diese auch sichtbar sind - mit ca. 14 bis 18 Monaten treten die ersten vier Milchmahlzähne in Ober- und Unterkiefer durch.

Literaturempfehlung:

A. Hilbig U. Alexy M. Kersting: **Beikost in Form von Breimahlzeiten oder Fingerfood.** In: Monatsschr Kinderheilkd (2014) 162: 616-622.

In meiner pädagogischen Praxis für Kindesentwicklung konnte ich beobachten, dass die Beikosteinführung aufgrund der Baby-led-weaning-Methode deutlich verspätet stattfand – nämlich meist erst mit dem 9. bis 10. Lebensmonat. Zu spät, berücksichtigt man die Aussagen des Dortmunder Forschungsinstituts für Kinderernährung e.V., die sich ausführlich mit dem Baby-led-weaning-Konzept auseinander gesetzt haben (s. Literaturempfehlung). Neben der möglichen Aspirationsgefahr werden auch mögliche Nachteile bezüglich der Allergie- und Zöliakieprävention gesehen sowie in der zu geringen Nährstoff- und Energiedichte.

Leonie im Alter von 11 Monaten beim eigenständigen Essen von weich gekochtem Gemüse und Kartoffel.

Um einer möglichen Aspirationsgefahr entgegen zu wirken, lassen sich Nahrungsstückchen in einem Netzschnuller (Fresh food feeder) als Hilfsmittel für erste eigene Essversuche ab 6. Lebensmonat verpacken. Das Baby nuckelt so feine Nahrungsstückchen aus dem Netz heraus – eine gute Möglichkeit, ein noch junges Kind an den Geschmack von Beikost zu gewöhnen. Eine vollständige Breimahlzeit ist hiermit jedoch nicht zu ersetzen. Häufig werden auch nur Früchte in den Netzsauger gegeben, was aufgrund der Fruchtsäuren den Zahnschmelz der empfindlichen Milchzähne angreift. In einem Obst-Getreidebrei ist immer auch etwas Öl oder Sahne dabei, sodass der Zahnschmelz vor den Säuren geschützt wird.

DIE RICHTIGE SITZHALTUNG ZUR EINFÜHRUNG DER BEIKOST

Immer wieder ist zu beobachten, dass Kinder in einer Autositzschale oder in der Babywippe platziert werden, um sie mit Brei zu füttern. Hierbei nimmt das Kind eine ungesunde krumme Haltung ein, die zu Verspannungen im Körper mit einhergehenden Schrägstellungen führen und ein unproblematisches Schlucken verhindern kann. Wir Erwachsenen würden auch nicht gerne in dieser gebeugten Haltung mit rundem Rücken essen. Für Säuglinge ist diese Haltung beim Essen ebenfalls nicht gut. Obwohl Säuglinge im Alter von ca. fünf Lebensmonaten noch nicht alleine sitzen können, ist die aufrechte Sitzhaltung zur Nahrungsaufnahme zu empfehlen. Mit ein wenig Unterstützung gelingt es diesen Kindern, im Reitersitz auf dem elterlichen Bein aufrecht zu sitzen. Die aufrechte Sitzhaltung unterstützt den Schluckvorgang und sollte daher ausnahmsweise für das Füttern bevorzugt werden. Es ist darauf zu achten, dass das Kind Halt bekommt durch das Aufsetzen der Füße auf der Stuhlsitzfläche und auch durch den Körper des Erwachsenen, gegen den das Kind leicht gedrückt wird. Ein Kinderstuhl, in dem das Kind eigenständig am Tisch sitzen kann, ist sinnvoll, sobald sich das Kind alleine in das aufrechte Sitzen hoch drücken kann und den Langsitz beim Spielen bevorzugt. Meistens ist dieser Entwicklungsschritt zwischen dem siebenten bis zehnten Lebensmonat erreicht.

Mit Einführen der aufrechten Sitzhaltung gelingt es, dass Kind mit an den Familientisch zu bekommen, sodass es von Anfang an beobachten kann, wie gegessen wird. Kinder imitieren und wollen mitmachen, was die Eltern und evtl. Geschwister machen. Gerade in der heutigen Zeit ist es wichtig, daran zu erinnern, wie wertvoll eine gemeinsam eingenommene Mahlzeit ist, und dieses auch vorzuleben. Das Sitzen am Familientisch verstärkt das Interesse am eigenständigen Essen. Wenn das Kind die Gelegenheit bekommt, nimmt es sich einfach von den Tellern der Großen ein Stück Kartoffel oder weiches Gemüse, wie z.B. Broccoli, und muffelt es mit großer Freude weg – ein sicheres Zeichen für die Reife zur Einführung des Familienessens.

Als alleinige Nahrungsquelle sollte die Selbstbedienung jedoch nicht verstanden werden (s. Baby-led weaning). Das Interesse des Kindes zielt nun auf „echte" Nahrung mit weiteren Konsistenzen und Geschmäckern ab. Besonders schade ist es, wenn Kinder in dieser Umbruchphase von den Mahlzeiten der Großen ausgeschlossen werden, indem sie beispielsweise vorab und meist weiterhin mit Breinahrung gefüttert werden.

Reitersitz – die ideale Haltung zum Füttern von Beikost

BEIKOST SELBST HERSTELLEN – VIELES SPRICHT DAFÜR

Die Industrie hält uns viele Möglichkeiten vor, unser Kind mit Fertiggerichten zu ernähren. Selbst in den kleinsten Supermärkten und Drogerien sind lange Gänge mit Regalen gefüllt, die uns verschiedenartigste Milch- und Getreidebreisorten sowie Obst-, Gemüse- und Fleischbreigläschen offerieren. Mit genauen Angaben, in welchem Lebensmonat das entsprechende Fertigprodukt gefüttert werden darf, wird den Eltern suggeriert, dass man bei der Wahl der Lebensmittel für Beikost viel falsch machen kann und sich an die Vorgaben zu halten hat. Beim genauen Studieren der Liste der Hauptzutaten (Obst, Gemüse, Getreide, Fleisch) fällt jedoch auf, dass die Inhaltsstoffe sich häufig gleichen. Einer der Unterschiede bezüglich der Altersbeschränkung bei beispielsweise Gemüsebrei ist der Grad des Pürierens. Wenn Stückchen enthalten sind, „darf" das Fertiggericht erst ab dem 6. bzw. 8. Lebensmonat gefüttert werden. Ein weiterer Unterschied besteht in den Mengenangaben bezüglich künstlich beigemengter Vitamine, Mineralien und Spurenelemente. Da käuflich zu erwerbende Säuglingsnahrung den Vorgaben von Diätkost genügen muss, sind reichlich nahrungsaufwertende Zusatzstoffe enthalten, wie wasser- und fettlösliche Vitamine, Spurenelemente und Mineralien. Normalerweise würde man seinem Säugling nicht wissentlich zu jeder Mahlzeit ein Multivitamin- und Mineralstoffpräparat untermischen, was jedoch durch Verwendung von Fertignahrung automatisch passiert.

Positiv bei fertiger Breikost aus dem Gläschen sind die sehr geringen Werte an Schadstoffen. Sie unterliegen strengen Kontrollen und dürfen einen bestimmten Gehalt an Pestizidrückständen, Nitrat und Schwermetallen, wie z.B. Blei, nicht überschreiten. Nicht nur Bio-Gläschen, sondern auch Gläschen aus konventioneller Herstellung sind bedenkenlos, da die Hersteller immer häufiger Zutaten aus biologisch-dynamischer und ökologischer Landwirtschaft verwenden. Beim eigenständigen Herstellen von Babybrei sollte man ebenfalls ökologisch einwandfreie Bio-Zutaten verwenden, da der Säugling nicht mit Schadstoffen belastet werden sollte.

Kartoffel Rote Bete

Instantnahrungsmittel

Von Instantnahrungsmitteln, wie beispielsweise Babytees, Milchbrei oder Grießbrei, sollte man aufgrund der hohen Werte an beigemengtem Zucker, Emulgatoren, (teil-)entmineralisierter Molke, Milchpulver und künstlichen Geschmacksaromen sowie gefriergetrocknetem Obst in Pulverform und künstlich beigemengten Vitaminen, Mineralien und Spurenelementen Abstand nehmen. **Selbst wenn auf der Packung vorne dick hervorgehoben steht, dass kein zusätzlicher Zucker enthalten sei, sind diese Instantfertigprodukte stark zuckerhaltig.** Bei dem Milchbrei „Banane-Birne-Grieß“ einer anerkannten Babybrei-Firma sind beispielsweise 41,6 g Zucker pro 100g Trockenware laut Zusammensetzung des Herstellers enthalten. In 200ml fertig angerührten Brei liegt der Zuckergehalt dann immer noch bei ca. 10% Zucker, was einer Menge von **fast 7 Stück Würfelzucker pro Mahlzeit** entspricht. Anstelle von Kristallzucker liest man in der Zutatenliste bei einigen Herstellern andere Zuckerformen, wie z.B. Apfel- und Birnendicksaft, Maltose, Maltodextrin, Dextrose, Saccharose, Fruktose und Glukose. Auch hinter diesen Bezeichnungen verbirgt sich Zucker. Ebenfalls nachteilig von Instantbreien ist die Prägung auf sehr süße Produkte sowie auf künstliche Aromastoffe: Welcher Säugling benötigt eine Geschmacksprägung auf Keks, Stracciatella, Schoko oder auf künstlich hergestelltes bzw. „naturidentisches“ Birnen-, Bananen- oder Pfirsicharoma?

Joghurt- oder Quark-Früchte-Mischungen und Puddings

Besonders reichhaltig ist die Auswahl an Desserts in Form von **Joghurt- oder Quark-Früchte-Mischungen** (ohne Stückchen) oder auch **Puddings** für Säuglinge ab dem 7./8. Lebensmonat. Da sie meist stark erhitzt worden sind, können sie sogar ohne Kühlung aufbewahrt werden. Auf den ersten Blick ist das „echt praktisch“. Auch diese Produkte sind unter dem Aspekt „gesunderhaltende Nahrungsmittel“ jedoch nicht zu empfehlen. Neben den zu hohen Zuckermengen weisen diese Milchprodukte und Puddings zu hohe Eiweißwerte auf und belasten daher die Nieren. Ebenso wird die Eisenaufnahme im Darm durch zu hohen Milchkonsum verringert, sodass es zu einer Eisenunterversorgung kommen kann, obwohl eisenhaltiger Brei mit Fleisch konsumiert wurde.

Vermutet wird auch ein Zusammenhang zwischen Beikost mit einem zu hohen Eiweißgehalt aus Joghurt, Quark oder Pudding und dem vermehrten Auftreten einer Fettleibigkeit (Adipositas) in der Jugend.

Gemüse-, Gemüse-Getreide- und Fleisch-Breie als Fertigware aus dem Gläschen

Gemüse-, Gemüse-Getreide- und Fleisch-Breie könnte man auch in einer Konservenbüchse verkaufen – nur würde dann das Image der Babykost getrübt. Dennoch bleiben Breie aus dem Gläschen Fertiggerichte, die in Bezug auf Bioverfügbarkeit nicht gleich zu setzen sind mit frisch zubereiteter Nahrung. Zellulosehaltige Zutaten, wie z.B. Gemüse, Obst und Kartoffeln, verändern bei der Zubereitung unter Druck, bei zu langem Garprozess und längerer Lagerung ihre Struktur, sodass die Darmflora sie nur noch schlecht verdauen kann und das Darmmilieu empfindlich gestört werden kann. Bei frisch zubereitetem Gemüsebrei sind die Zellulosestrukturen weniger aufgequollen und daher bekömmlicher.

Aufgrund der gesetzlichen Bestimmungen ist der Fettgehalt der Gläschen meist zu niedrig: Laut den Empfehlungen des Forschungsinstituts für Kinderernährung in Dortmund e.V. sollte ein **190-Gramm-Gläschen 8 Gramm Fett enthalten, ein Gläschen von 220 Gramm 10 Gramm.** Die fertigen Baby-Gemüsebreie aus dem Gläschen enthalten meist jedoch nur die Hälfte an Fett. Aufwerten kann man gekaufte Babybreie aus dem Gläschen durch Beimengung eines Teelöffels Fett. Im Sommer eignen sich gute Öle mit essentiellen Fettsäuren und dem fettlöslichem Vitamin E, wie z.B. Rapsöl, Walnussöl, Leinöl und Olivenöl. Je kälter es draußen wird, umso mehr benötigt das Kind tierisches Fett, wie z.B. Sahne, Butter, Butterschmalz oder sogar Schmalz von Bio-Schweinen. Bio-Schweine-Schmalz ist reich an Vitamin D. Sofern draußen winterliches Wetter herrscht und das Kind kein zusätzliches Vitamin-D-Präparat bekommt, kann ab und zu ein wenig Bio-Schweine-Schmalz die Vitamin D-Zufuhr unterstützen.

In Gemüse-Fleisch-Brei-Gläschen ist häufig die Menge an Fleisch zu gering, um den vorgegebenen Wert an Eisen zu enthalten. Diesem Mangel wird von Seiten des Herstellers entgegengewirkt, indem häufig zusätzlich ein Eisenpräparat und künstlich hergestelltes Vitamin C beigemengt werden, um die Eisenwerte und die Eisenaufnahme zu verbessern. Laut Angaben des Forschungsinstituts für Kinderernährung benötigt ein Kind im Alter von 6 bis 12 Monaten 20 bis 30 Gramm Fleisch fünfmal pro Woche. Die meisten Fleisch-Gemüse-Brei-Gläschen enthalten jedoch nur 10-15 Gramm Fleisch. Das bedeutet, dass ein über 6 Monate altes Kind trotz täglichem Konsums den Bedarf an Eisen und evtl. Zink nicht ausreichend decken kann. Durchschnittlich essen Kinder dieser Altersgruppe sogar nur 12 Gramm täglich. Bei den 12 Monate alten Kindern sieht es nicht besser aus: Mit dem Konsum an Fertigprodukten bekommen sie durchschnittlich 15 Gramm Fleisch pro Tag, obwohl zur doppelten Menge geraten wird.

Neben den zu geringen Werten an Eisen sind auch die in Fleisch viel enthaltenen Spurenelemente, wie z.B. Zink und Phosphor, sowie einige B-Vitamine, wie z.B. Vitamin B5 und B12, in zu geringem Umfang in den Fertigbreigläschen enthalten. Einige Hersteller ergänzen die fehlenden Vitamine, Mineralstoffe und Spurenelemente durch Multivitamin- und Mineralstoff-Präparate.

Künstlich hergestellte Vitamine können in zu großen Mengen den Leberstoffwechsel belasten. Säuglinge reagieren zum Teil mit Unruhezuständen auf die hohe Nährstoffdichte. Tönnies hat zur „Neutralisierung" einen nährstoffarmen Maisstärke- und einen Reisschleim-Trunk (s.S. 79-82) zur gelegentlichen Ergänzung empfohlen, um die überschüssigen Vitamine, Mineralstoffe und Spurenelemente aus Fertigprodukten zu verbrauchen.

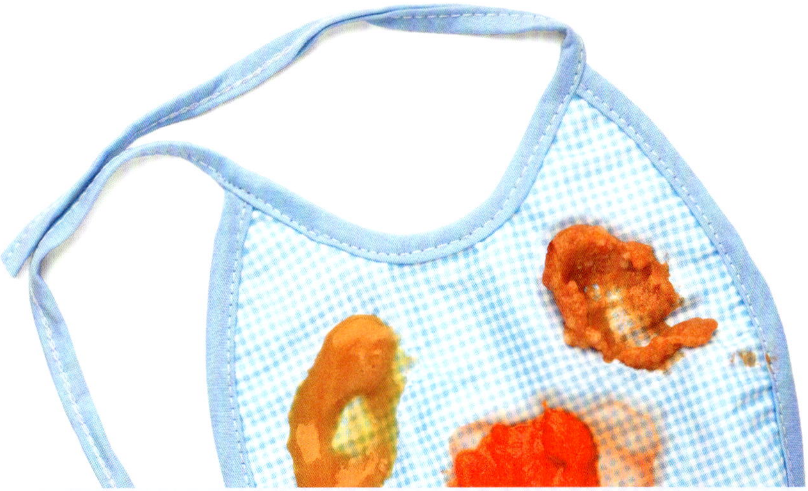

Obstbrei als fertige Gläschenware

Obstbreie als fertige Gläschenware enthalten zwischen 8% bis 12% Zucker. Das entspricht einer Zuckermenge von 6 bis 8 Stückchen Würfelzucker pro Portion. Die in den Gläschen enthaltene Obstmenge besteht zu einem großen Anteil aus Obstsaftkonzentrat anstelle der natürlichen Früchte. Aufgewertet wird dieser Brei dann mit Zugabe von Vitamin C. Es ist eine Obstkonserve und hat mit einem frisch zubereitetem Obstbrei nicht viel gemein. Aufgrund des künstlichen Vitamin C-Zusatzes (Ascorbinsäure) reagieren einige Säuglinge auch mit wunden Schleimhäuten und einem wunden Po. Am besten ist daher auf künstliches Vitamin C zu verzichten und gezielt Nahrungsmittel zu verwenden, die von Natur aus ausreichend Vitamin C enthalten, wie z.B. frisch gekochte Kartoffel, gelbe Zitrusfrüchte und frisches Beerenobst. Obst ist zudem reich an Kalium, einem Mineral, welches als Gegenspieler zu Natrium in unserem Körper fungiert. Wenn zu wenig Natrium im Körper vorhanden ist, erzeugen hohe Kaliumwerte bei vielen Kindern wässrigen Fließschnupfen, sodass ein reiner Obstbrei generell nur in geringen Mengen oder sogar eher selten zur Ernährung eines Säuglings Verwendung finden sollte. Des Weiteren sind bei gekauften Gläschen die verwendeten Obstsorten zu bemängeln. Leider werden viel zu häufig Äpfel beziehungsweise Apfelprodukte, wie z.B. Apfelsaftkonzentrat, beigemengt. Auf Äpfel reagieren Kinder, die zu Allergien oder Neurodermitis neigen, häufig sehr empfindlich, aufgrund der recht hohen Chromwerte und sind daher nicht zu empfehlen. Auf Seite 21 werden Obstsorten beschrieben, die sich besser eignen.

Ein Obstgläschen ersetzt keine Mahlzeit. Auch mit Getreide vermengte Obst-Breie aus dem Gläschen sind nicht als vollwertige Mahlzeit anzusehen. Laut Angaben des Ernährungsinstituts sollten in einem Obst-Getreide-Brei 20 g (Vollkorn-)Getreide stecken. Meistens wird dieser Wert unterschritten, sodass man ihn durch Beimengen von ungesüßten Getreideflocken aufwerten und bekömmlicher machen kann. Hierzu eignen sich bei vegetarisch ernährten Kindern besonders gut Hafer(schmelz) flocken und Hirseflocken, da diese Getreidesorten Spuren von Eisen enthalten. Auch frisch gekochte und lang ausgequollene junge Hirse, die evtl. mit einem Löffel ein wenig zerdrückt wird, kann zusammen mit dem natürlichen Vitamin C aus frischen Früchten die Eisenwerte beim Kind ein wenig aufbessern (Rezepte: Getreidebreie mit Obst, s.S. 45, 76-78) Ansonsten eignen sich auch gerade in der Anfangszeit der dritten Phase der Beikosteinführung selbsthergestellte Breie aus Reisflocken mit Obst oder auch Obstbreie, die mit gegarter Speisestärke (Maisstärke-Obst-Trunk oder Reisschleim-Obst-Trunk S. 79-81) gestreckt sind, z.B., wenn das Kind mit Bauchschmerzen auf Vollkornprodukte reagiert.

FERTIGEN BABYBREI KAUFEN – PRO UND CONTRA

PRO:

- so gut wie keine Rückstände an Pestiziden und Nitrat enthalten
- ungeöffnete Gläschen sind nicht mit Keimen verunreinigt
- gleichbleibende Qualität, da industriell hergestellte Nahrungsmittel für Säuglinge der Diätmittelverordnung unterliegen
- praktisch auf Reisen

CONTRA:

- Milch- und Grießbreie (Instantprodukte) sowie Joghurt-, Quark- und Puddingprodukte für Säuglinge enthalten zu hohe Zucker- und Eiweißmengen, künstliche Aromen, Emulgatoren, künstlich hergestellte Vitamin-, Mineral-und Spurenelement-Präparate zur Aufwertung => daher nicht zu empfehlen!
- die enthaltenen Nährstoffe entsprechen oft nicht dem tatsächlichen Bedarf
- Fleischenthaltende Breie weisen meist zu geringe Fleischwerte auf, sodass zu wenig Eisen-, Zink-, Phosphorwerte und Vitamin B-Werte enthalten sind
- Gemüse-Kartoffelbreie können aufgequollene Zellulose enthalten, die die Bildung der Darmflora empfindlich stören kann
- Obstgläschen enthalten zu viel Zucker und künstlich hergestellte Vitamine
- Obst-Getreide-Gläschen enthalten meist zu wenig Getreide
- Gläschenware weist meist einen zu geringen Fett- und Kaloriengehalt auf.
- Geschmacksprägung auf Fertigprodukte und Konserven

BABYBREI SELBST HERSTELLEN – PRO UND CONTRA

PRO:

- Durch Verwendung frischer Zutaten lernt das Kind von Anfang an, seinen Geschmacksinn auf diese abzustimmen – keine Geschmacksprägung auf Fertigprodukte.
- Gemüse, Getreide-, Obst- und Fleischsorten können einzeln eingeführt werden. Unbekömmliche Lebensmittel lehnt das Kind meist instinktiv ab, sodass Nahrungsmittel selektiv eingesetzt werden können.
- Das Kind kann von Anfang an bedarfsorientiert ernährt werden. Geringe Nährstoffungleichgewichte können gut ausgeglichen werden.
- Schonende Zubereitungsarten der Lebensmittel ermöglichen den Erhalt an Vitaminen, Mineralstoffen, Spurenelementen und Aminosäuren (Eiweißbausteine). Zellulose quillt weniger auf, sodass die Darmflora nicht belastet wird.
- Portionsgrößen werden an die Bedürfnisse des Kindes angepasst.
- Auch nach dem ersten Lebensjahr, wenn das Kind am Familienessen teilnehmen kann, wird weiterhin frisch gekocht.
- Künstliche Zusätze werden nicht verwendet, sodass der Stoffwechsel und die Leber nicht mit künstlichen Vitamin-, Spurenelement-und Mineralstoff-Präparaten, Stabilisatoren, Emulgatoren etc. belastet werden.
- Portionsgrößen werden an die Bedürfnisse des Kindes angepasst.
- Mahlzeiten können zusammen eingenommen werden, da die anderen Familienmitglieder die gleiche Nahrung essen können. Für die Herstellung des Babybreis werden einige der Speisen vor dem Würzen beiseite genommen und püriert, sodass nicht extra gekocht werden muss.
- Man achtet bei sich selbst auch auf eine gesunderhaltende Ernährung.
- Geringere Kosten und weniger Müll werden produziert.

CONTRA:

- Säuglingsbrei muss immer frisch zubereitet werden, da man nicht sicher sein kann, ob sich Keime stark vermehrt haben.
- Die Aufbewahrung von selbst hergestelltem Brei darf trotz Kühlung nicht mehr als 24 Stunden betragen wegen möglicher Blausuchtgefahr (s.S. 18)
- Unterwegs lässt sich ein Brei schlecht frisch zubereiten.
- Man muss regelmäßig einkaufen, um die Zutaten frisch zum Kochen bereit zu haben.

Kartoffel Wirsing Hähnchenschenkel

WAS IST ZU BEACHTEN, WENN MAN BABYBREI SELBST HERSTELLEN MÖCHTE:

Wahl der Zutaten:

Es sollte ausschließlich frische Bioware beim Zubereiten von Babykost verwendet werden, damit möglichst geringe Mengen an Schadstoffen, wie z.B. Rückstände aus Pflanzenschutzmitteln, Schwermetalle und Nitrat, im fertigen Brei vorhanden sind.

Auf Nitrat- und Nitrit-Werte achten

Nitrat und Nitrit werden generell als sehr schädlich für den Menschen eingestuft, zumal aus Nitrit zusammen mit Aminen im Magen Nitrosamine entstehen können, die stark krebserregend sind. In letzter Zeit werden jedoch immer mehr Studien veröffentlicht, die auch positive Wirkungen über Nitrat im menschlichen Körper bei Erwachsenen darstellen. So erweitert das aus Nitrat gebildete Stickstoffmonoxid feine Blutgefäße und senkt dadurch den Blutdruck. Positive Wirkungen sind auch in Bezug auf den Blutzuckerspiegel zu verzeichnen. Eine weitere Studie zeigt, dass bei einem täglichem Konsum einer geringen Menge an Nitrat , wie sie beispielsweise in 2 bis 3 Kugeln Rote Bete aus dem Glas vorkommt, die Sauerstoffverwertung beim Erwachsenen in den körpereigenen Kraftwerken, den Mitochondrien, verbessert wird. Die Probanden der Studie zeigten einen geringeren Sauerstoffverbrauch bei gleichen Leistungen körperlich anstrengender, sportlicher Tätigkeiten.

Anders ist es aber bei Säuglingen. Bei der Zubereitung von Babybrei gilt weiterhin die bislang propagierte Vorsicht vor zu hohen Nitrat- und Nitritwerten!

Besonders Säuglinge können auf zu viel Nitrat reagieren. Ihre Magensäureproduktion ist meist noch nicht voll ausgereift, sodass unter Umständen Bakterien aus Mund und Magen des Säuglings das Nitrat in größeren Mengen zu dem giftigen Nitrit umwandeln können. Über die Magen- und Darmschleimhaut aufgenommenes Nitrit stört den Sauerstofftransport im Blut, da es den roten Blutfarbstoff Hämoglobin in Methämoglobin umwandeln kann, sodass der Sauerstofftransport im Blut verringert wird. Es kommt zu einer Methämoglobinämie, die sich in Form einer **Blausucht** zeigt, bei der der Säugling Atemnot mit Blauverfärbung der Lippen und der Haut aufweist. Säuglinge bis etwa zum sechsten Lebensmonat sind besonders gefährdet, da bei ihnen das Enzymsystem, das Methämoglobin wieder in den sauerstofftransportierenden roten Blutfarbstoff Hämoglobin umwandeln kann, noch nicht richtig ausgereift ist. Die dadurch entstehende Sauerstoffunterversorgung kann für Säuglinge und manchmal auch noch für Kleinkinder lebensgefährlich sein. Glücklicherweise sind die Fälle jedoch recht selten.

Literaturempfehlung:

Filip J. Larsen, Tomas A. Schiffer, Sara Borniquel, Kent Sahlin, Björn Ekblom, Jon O. Lundberg, Eddie Weitzberg: **Dietary Inorganic Nitrate Improves Mitochondrial Efficiency in Humans.** -Cell Metabolism, Volume 13, Issue 2, 2 February 2011, Pages 149-159)

GEMÜSE

Generell sollte für die Zubereitung von Brei für Säuglinge Gemüse aus biologischem Anbau verwendet werden, da dieses in der Regel weniger Nitrat enthält. Nitrat gerät durch Düngemittel in den Boden. Überschüssige Mengen sowie eine recht späte Düngung vor der Ernte führen zu erhöhten Werten im Gemüse. Bei Gemüse aus biologischem und biodynamischen Anbau wird auf eine umweltgerechte Düngung geachtet, sodass die verwendeten Nitrat-Mengen meist geringer ausfallen.

Zur Herstellung von Beikost sind Gemüsesorten mit geringem Nitratgehalt besonders zu empfehlen. Von Natur aus trifft dies auf folgende Gemüsesorten zu: Gurken, Tomaten, Paprika, Karotten, Pastinake, grüne und gelbe Erbsen, grüne Bohnen, Linsen, Rosenkohl, Weißkohl, Rotkohl, Broccoli, Blumenkohl, Wirsing, Kartoffeln, Topinambur, frischer Grünkohl, Zucchini, Spargel, Zuckermais, Champignons, Bio-Avocado, Zwiebeln, Lauch, Knollensellerie, Chicorée, Endiviensalat und Chinakohl, wobei weder die Zwiebelgewächse, noch Paprika oder Blattsalate besonders geeignet sind zur Herstellung von Babybrei.

Verschiedene Gemüsesorten, wie z.B. Mangold, Spinat, Kopfsalat, Feldsalat, Ruccola, Rote Bete, Radieschen und Rettich reichern je nach Jahreszeit und Anbaugebiet auffallend **hohe Nitratgehalte** an. Ebenso können Kohlrabi und Fenchel durch Verwendung konventioneller Düngemittel hohe Nitratwerte aufweisen. Bei Bioware können Fenchel und Kohlrabi jedoch unbedenklich zur Zubereitung von Babybrei verwendet werden. Auch Rote Bete kann ab und zu in geringen Mengen gefüttert werden. Wenn der Säugling stark mit Gneis/Grind oder sogar mit Milchschorf auf dem Kopf zu tun hat, ist das meist ein Zeichen für eine Kupferunterversorgung. Rote Bete ist reich an Kupfer. Mit kupferreicher Nahrung kann der Belag auf der Kopfhaut des Kindes reduziert werden. Im Rezeptteil sind Breikombinationen aufgeführt, denen etwas Rote Betemost (aus dem Reformhaus) beigemengt wird.

Der Nitratgehalt von Gemüse hängt unter anderem von der Sonneneinstrahlung ab. Unter Sonneneinfluss wird das von der Pflanze aufgenommene Nitrat überwiegend zu Eiweiß und anderen organischen Stickstoffverbindungen umgewandelt und spielt für uns Menschen somit keine Rolle mehr. Im Winter, wenn die Sonneneinstrahlung reduziert und die Temperaturen niedrig sind, wird das aufgenommene Nitrat vermehrt in der Pflanze gespeichert, sodass im Winter aus Gewächshäusern geerntetes Gemüse höhere Nitratwerte aufweist als eine gleiche Gemüsesorte im Sommer. Freilandgemüse ist daher mehr zu empfehlen als Gemüse aus dem Gewächshaus. Wenn man die Möglichkeit zum Selbstanbau hat, sollte man Gemüse mit generell hohen Nitratwerten lieber erst ab den frühen Nachmittagsstunden ernten und nicht am frühen Morgen. In der Nacht wird Nitrat weiter über die Wurzeln der Pflanze aufgenommen, aber nicht gleichzeitig in Eiweiße und andere Stickstoffverbindungen umgewandelt, sodass morgens höhere Nitratwerte in den Pflanzen zu finden sind als am Abend.

Ein weiterer Aspekt bei der Wahl der Gemüsesorten zur Herstellung von Beikost und auch bei der Herstellung von Speisen für Kleinkinder ist der Gehalt von **Chrom** in den pflanzlichen Lebensmitteln. **Chrom ist der „Motor" für Neurodermitis und Allergien.** Gerade Säuglinge und Kleinkinder sollten möglichst chromarm ernährt werden. Auch hierbei ist der Chromgehalt natürlich von den Bodenqualitäten abhängig. Wenn das Gemüse auf oder in einem sehr chromhaltigen Boden gewachsen ist, weist es höhere Chromwerte auf als Gemüse aus chromarmen Gegenden.

Generell als chromreich sind folgende Gemüse anzusehen: Karotten, Kürbis, Süßkartoffel und rote Paprika. Diese Gemüse sollten daher nicht allzu oft zur Herstellung von Babybrei verwendet werden. Alle anderen Gemüsesorten sind unbedenklich in Bezug auf Chrom.

GETREIDE UND SCHEIN-GETREIDE

Lange Zeit wurde gelehrt, dass das zu frühe Füttern mit Klebereiweiß (Gluten) aus Getreide verantwortlich sei für Zöliakie, eine Darmerkrankung, verursacht und einhergehend mit einer Klebereiweißunverträglichkeit, sodass erst nach dem ersten vollendeten Lebensjahr Gluten in der Nahrung enthalten sein sollte. Neueren Studien zufolge wird heutzutage jedoch genau von dem Gegenteil ausgegangen: Die Deutsche Gesellschaft für Ernährung e.V. empfiehlt die Einführung glutenhaltiger Lebensmittel noch während der Stillzeit, jedoch nicht in den ersten drei Lebensmonaten, um das Risiko, an **Zöliakie** zu erkranken, zu reduzieren. Das frühzeitige Gewöhnen an artfremdes Eiweiß soll das Risiko minimieren, eine Unverträglichkeit oder eine Allergie dagegen zu entwickeln. Unabhängig davon, ab wann man glutenhaltige Nahrungsmittel seinem Kind füttert, man sollte immer noch in der Lage sein, sein Kind dabei weiter zu stillen.

Die folgenden Getreidesorten eignen sich für das Herstellen von Getreidemahlzeiten in der Beikostphase: Weizen, Dinkel, Hafer, Hirse, Mais und Reis. Sie sollten alle Bio-Qualität aufweisen und nicht mit anderen Zutaten, wie z.B. Zucker, vermengt sein. Einige Firmen, wie z.B. Alnatura und Holle, bieten geeignete Vollkorngetreideflocken an, die bis auf eine gesetzlich vorgegebene Beimengung an Vitamin B1 nur aus Getreide bestehen. Die Flocken sind so dünn und klein, dass sie schnell in 50°C warmen Wasser zur Zubereitung von Obst-, Gemüse- oder Milch-Brei ausquellen und essfertig sind.

Polenta (Maisgrieß) gibt es in unterschiedlichen Mahlgraden. Für die Säuglingsernährung eignet sich meist der feine bis mittelgradig gemahlene Grieß besser als der grobe, obwohl ein fein gemahlener Maisgrieß einen etwas geringeren Tyrosinanteil aufweist als der grobe. Tyrosin ist eine Aminosäure, die für die Nebennierenaktivität von großer Bedeutung ist. Mit Instant-Polenta reduziert man zwar die Zeiten, in der der Grießbrei gar zieht. Die Bioverfügbarkeit bezüglich des Tyrosins scheint jedoch reduziert zu sein und daher ist Instant-Polenta weniger zu empfehlen.

Hafer und Hirse sind besonders reich an Eisen, sodass vegetarisch ernährte Säuglinge diese Getreidesorten bevorzugt essen sollten. Hirse enthält zudem noch gute Werte an Kieselsäure (Silizium), welches den Stuhlgang normalisiert und wichtig für das Bindegewebe und für den Knochenaufbau ist. Durch einen zu hohen Konsum an Hirse kann es aber auch zu einer ausgeprägten Misslaunigkeit des Säuglings oder Kleinkindes kommen. Hirse enthält nämlich auch hohe Werte an Threonin, eine Aminosäure, die zu Gereiztheit führen kann. Wenn das Kind zu abendlichen Schreiphasen neigt und gleichzeitig täglich Hirsebrei bekommt, kann durch das Absetzen des Hirsebreis häufig recht schnell Abhilfe geleistet werden.

Sofern eine Glutenunverträglichkeit bei einem Kind diagnostiziert wurde, müssen der Brei und später auch die Nudeln, das Brot oder das Gebäck aus glutenfreien Getreidesorten bestehen, wie z.B. Hirse und Reis, oder aus getreideähnlichen Körnern, wie z.B. Amaranth und Quinoa. Amaranth gehört zu den Fuchs-schwanzgewächsen. Der Protein- und Fettgehalt sowie die Mineralstoff- und Spurenelementgehalte sind sehr hoch. Der Kalzium-Wert im Amaranth erreicht einen ähnlich hohen Wert wie Kuhmilch. Auch Magnesium und Eisen sind in dem Schein-Getreide gut vertreten. Bei vegetarisch ernährten Säuglingen und Kleinkindern kann Amaranth auch zum Teil den Bedarf an Lysin

decken, welches ansons- ten eher in Fisch und Buttermilch zu finden ist. Zudem sind ungesät- tigte Fettsäuren enthalten, darunter Linolsäure und Alpha-Linolensäure, eine Fettsäure vom Omega-3-Typ. Amaranth weist aber auch erhöhte Werte von Gerbstoffen auf, sodass von einer frühen Einführung abzura- ten ist.

Quinoa ist eine getreideähnliche Pflanze aus Südamerika, die botanisch zu den Gänsefußgewächsen gehört. Quinoa ist reich an Kalzium, Magnesium, Eisen und Zink. Es enthält verschiedene B-Vitamine und ist reich an Vitamin E. Quinoa wird trotz der guten Nährwerte nicht zur Beikosteinführung empfohlen, da in der Schale Saponine enthalten sein können. Die Deutsche Gesellschaft für Ernährung rät von Quinoa bei Kindern unter zwei Jahren grundsätzlich ab.

Beide Schein-Getreide sind nicht nur bei Zöliakie, sondern auch zur Ernährung von Neurodermitikern geeignet. Amaranth kann ab dem vollendeten 12. Lebensmonat eingeführt werden, Quinoa erst nach dem zweiten Lebensjahr.

OBST

Obst ist in der Regel nitratarm, sodass diesbezüglich keinerlei Einschränkungen bestehen. Obst ist jedoch sehr viel stärker mit Chrom „belastet“ als Gemüse. Daher empfiehl es sich, bei der Wahl an Obstsorten zur Herstellung von Baby- und Kleinkindnahrung chromarme Obstsorten auszuwählen, sofern Erkrankungen aus dem atypischen Formenkreis, wie Neurodermitis, Heuschnupfen oder Allergien, vorzubeugen sind.

Unbedenklich sind die folgenden Obstsorten in Bezug auf den Chromgehalt: Blaubeeren, Johannisbeeren, Brombeeren, Banane, Pflaume, Kirsche, Holunder, rote und weiße Weintrauben, Zitronen, gelbe Pampelmuse und gelbe Honigmelone. Auch hierbei ist darauf zu achten, dass die Früchte möglichst nicht mit Rückständen aus Pflanzenschutzmitteln belastet sind. Bio-Ware aus ökologischem Landbau ist zu bevorzugen. Auch können Früchte aufgrund langer Transport- und Lagerungszeiten nicht mehr einwandfrei sein. Bananen zum Beispiel eignen sich nur, wenn die offene Frucht keinerlei braune Stellen aufweist. **Auch die kleinen „Fädchen“ im Inneren der Früchte (Samenanlagen) sollten nicht bräunlich verfärbt sein,** sodass sie gut zu sehen sind.

Obstsorten, die sich bezüglich des hohen Chromgehalts weniger zur Herstellung von Baby- und Kleinkindnahrung eignen, sind folgende: Apfel, Erdbeere, Ananas, Mango, Papaya, Feige, Aprikosen, Kiwi, Mandarinen und ein wenig auch Orangen, Birnen und Himbeeren. Besonders bei Kindern, die unter Neurodermitis leiden, eine Allergiebereitschaft oder evtl. sogar schon Zeichen von Asthma zeigen, sollte man diese Obstsorten nur in geringen Mengen verwenden. Bei gesunden Kindern sollten diese Früchte nicht im Übermaß konsumiert werden, damit es nicht zum Ausbruch einer Allergie kommt, wobei der Vitamin C-Gehalt in Orangen und Himbeeren besonders positiv hervorzuheben ist. Himbeeren verfügen zudem auch noch über recht gute Kupferwerte und Orangen über gute Folsäurewerte, sodass diese Früchte nicht gänzlich gestrichen werden sollten.

MILCH UND MILCHPRODUKTE/ KÄSESORTEN

Die Frage, ab wann Kuhmilch für Säuglinge verträglich ist oder der zu frühe Konsum zu einer Kuhmilcheiweißallergie führt, ist weiterhin strittig. Die Ernährungskommission der Deutschen Gesellschaft für Kinderheilkunde und Jugendmedizin (dgkj) empfiehlt, dass junge Säuglinge unter 6 Monaten keine gewöhnliche, homogenisierte und pasteurisierte Kuhmilch aus dem Kühlregal und ihre Produkte, wie z.B. Joghurt, Quark und Pudding, konsumieren sollten. Nach dem vollendeten 6. bis zum 12. Lebensmonaten ist die Milchmenge auf höchstens 200 ml pro Tag zu begrenzen und sollte mindestens einen Fettgehalt von 3,5% aufweisen. Unbehandelte Rohmilch darf aufgrund des möglichen Keimbefalls unter keinen Umständen für die Zubereitung von Säuglingsnahrung verwendet werden. Wenn das natürliche Stillen nicht möglich ist, kann auf eine konventionelle Pre-Säuglingsmilch zurückgegriffen werden. Die Verwendung einer Folgemilch ist nahrungsphysiologisch nicht notwendig. Nach der Säuglingsphase (vollendetes erstes Lebensjahr) wird nahrungsphysiologisch Säuglingsmilch nicht mehr benötigt.

Wenn ein Kind durch den Konsum von Kuhmilch mit **Neurodermitis** reagiert, ist dies meist auf den Pasteurisierungs- und Homogenisierungsprozess der Kuhmilch zurück zu führen. Das veränderte Mischungsverhältnis an Aminosäuren der durch Hitze haltbar gemachten Milch ist dabei ausschlaggebend. Durch das Erhitzen beim Pasteurisieren werden die Aminosäuren Lysin und Tryptophan zerstört, sodass nun die Wirksamkeit von Methionin, eine schwefelhaltige Aminosäure, mehr zur Geltung kommt. Auch der Homogenisierungsprozess, den jede Milch, die wir aus dem Kühlregal kaufen, durchlaufen hat, verändert die Verträglichkeit von Milch. Besonders wenig verträglich ist H-Milch, die ultrahocherhitzt (143°C!) wird. Kleinkinder und Neurodermitiker können darauf reagieren. Zu beobachten sind zu Beginn meist aufgesprungene, leicht entzündliche Hautpartien im Bereich der Wangenknochen und z.T. auch um die Augen herum. Tönnies konnte beobachten, dass Kleinkinder mit einer Unterversorgung an Lysin, einer hitzeempfindlichen Aminosäure, besonders häufig mit einer Unverträglichkeit auf haltbargemachte Kuhmilch reagierten. Lysin ist besonders gut über Buttermilch oder Forelle aufzunehmen. Sobald die Unterversorgung an Lysin durch zusätzliche Nahrungsmittel ausgeglichen wurde, vertrug das Kleinkind Kuhmilch meist wieder besser. Kuhmilch sollte dann weiterhin für eine längere Zeit nicht in großen Mengen (z.B. als Getränk) genossen werden, aber man muss dann auch nicht akribisch auf milchfreie Ernährung achten.

Vom Konsum von **Milchersatzprodukten**, wie z.B. Hafer- oder Sojamilchdrinks, wird für Säuglinge und auch noch später abgeraten.

In einigen Fällen ist es jedoch aufgrund medizinischer Indikation notwendig auf speziell für Säuglinge hergestellte Sojamilchdrinks zurückzugreifen, was dann jedoch nur nach ärztlicher Anweisung stattfinden sollte. Mit normalen Getreide- oder Hülsenfrüchtedrinks kann ein junger Körper nicht ausreichend er-

nährt werden (s. vegane Ernährung, s.S. 40). Tönnies konnte beobachten, dass gerade junge Kleinkinder nur kurzfristig gut mit den Ersatzmilchprodukten klar kamen, nach 2-3 Wochen dann jedoch mit verstärkter Neurodermitis reagierten. Bei Soja- und Mandel-Milch sind es die hohen Schwefelwerte, die zu einem Neurodermitisschub und einem Ernährungsungleichgewicht führen. Bei Hafer-Milch ist es z.T. der hohe Zinkgehalt, der dem Kind nicht bekommt. Zusätzlich enthalten Sojabohnen und deren Produkte pflanzliche Substanzen mit hormonähnlicher Wirkung. In Getreide- und Sojamilchprodukten kann zudem Phytat enthalten sein, welches Magnesium, Kalzium, Eisen und andere Spurenelemente und Mineralien im Darm bindet, sodass die Aufnahme dieser Stoffe vermindert wird.

Von der Verwendung von Ziegen-, Schafs- und Stutenmilch zur Herstellung von Säuglingsmilch wird seitens der Fachgesellschaften dgkj und DGE ebenfalls abgeraten. Einer der Gründe ist die hohe Belastung der Nieren bei der Ausschleusung der Endprodukte vom Eiweißstoffwechsel (v.a. Harnstoff), Natrium sowie Kalium. Weitere Gründe sind der unausgewogene Nährstoffgehalt sowie ein erhöhtes Risiko von Magen-Darm-Infektionen.

Beim Einführen der Beikost werden weder **Hart- noch Weichkäse** als geeignete Lebensmittel für den jungen Säugling genannt. In Ausnahmefällen kann jedoch gereifter Rohmilchhartkäse, wie z.B. frisch geriebener Parmesankäse, in geringen Mengen nach dem 6. Lebensmonat sinnvoll sein. Parmesankäse ist aufgrund der sehr mürben Struktur schnell zu verdauen, sodass dieser zur schnellen Aufnahme von Kalzium dienlich sein kann. Bei abendlicher Unruhe und Kreislaufschwäche, z.B. nach zu viel grünem, magnesiumreichen Gemüsebrei, kann ein wenig geriebener, kalziumreicher Hartkäse Abhilfe verschaffen. Zu viel Magnesium dämpft gerade bei jungen Kindern, bei denen die Nebennierenfunktion noch nicht ausgereift ist, den Kreislauf. Kalzium ist Gegenspieler von Magnesium, sodass ein Gemüsebrei wie bei den Italienern mit etwas geriebenen Parmesankäse wie ein Wundermittel die motorische Unruhe und das übermäßige Schwitzen im Nackenbereich in Folge einer Kreislaufschwäche beim Schlafen reduzieren kann. Die italienische Babybrei Firma Plasmon bietet sogar einen Parmesankäsebrei aus 40% Käse, Wasser und Speisestärke an, der ab dem vollendeten 4. Lebensmonat gefüttert werden kann. Ein kleines Gläschen von 80g beinhaltet 400mg Kalzium. Auch beim Zahnen kann Kalzium (aus Parmesankäse) sinnvoll sein, da es die Schmerzen im Kieferbereich beim Säugling vermindern kann. Wenn das Kind noch jünger ist und noch gestillt wird, kann die Mutter ausreichend Hartkäse und Parmesan konsumieren, sodass der Säugling die Kalziumzufuhr über die Muttermilch erhält. Jedoch ist die Menge an Kalzium in der Muttermilch nicht stark veränderbar.

Weiche und nicht lang gereifte Rohmilchkäsesorten, wie z.B. Brie, dürfen jedoch aufgrund eines möglichen Keimbefalls einem Säugling und Kleinkind nicht gefüttert werden.

Spätestens nach dem vollendeten ersten Lebensjahr können weitere Käsesorten gegessen werden. Zu bevorzugen sind Bio-Hartkäse aus Rohmilch, da diesem Käse nur geringe Mengen oder sogar keine Konservierungsmittel beigemengt werden. Bei der industriellen Produktion werden einigen Käsesorten, wie z.B. holländischer Gouda und Edamer sowie Tilsiter, zur Konservierung und gegen das Aufblähen der Käselaiber nitrit- und nitrathaltige Zusätze beigemengt. Mit der Dauer der Reifung nimmt nach und nach der Gehalt an Nitrit und Nitrat ab, sodass lang gereifte konventionelle Schnittkäse, wie beispielsweise kräftiger Tilsiter, alter Gouda, nach einer 6 Monate langen Reifung nur noch geringe Nitrat- und Nitritwerte aufweisen und unbedenklich konsumiert werden können. Lang gereifte Käse werden von vielen Kleinkindern auch geschmacklich bevorzugt.

Aufläufe, Pizza, Käsestangen und Käse-(Pizza)brötchen, die mit jungem Gouda, Edamer oder Butterkäse aus konventioneller Käseproduktion überbacken sind, können jedoch hohe Nitrat- und Nitrosaminwerte aufweisen. Nitrosamine entstehen durch eine Reaktion zwischen Nitrit mit Aminen unter Wärmeeinfluss. Nitrosamine sind krebserregend. Auch nach Vollendung des ersten Lebensjahres sollte man auf diese Speisen verzichten. Wenn man allerdings auf Bio-Lebensmittel mit Rohmilch-Hartkäsesorten zur Zubereitung zurückgreifen kann, ist gegen einen mit Käse überbackenen Snack oder Auflauf im frühen Kleinkindalter nichts einzuwenden. Bei gekaufter Ware ist darauf zu achten, dass die Käsekruste wirklich aus Käse besteht und nicht aus Kunstkäse bzw. Analogkäse oder Käseersatz. Auch industriell vorgeriebener Käse ist nicht zu empfehlen, da Trennmittel verwendet werden.

FLEISCH
DIE NR. 1 FÜR DIE EISENAUFNAHME

Für die Herstellung von Babybrei sollten vermehrt dunkle Fleischsorten bevorzugt werden, wie z.B. Rindfleisch, Kalb, Hähnchenschenkel und Lammfleisch. Der Eisenwert in dunklem Fleisch ist sehr viel höher als in hellen Fleischsorten. Ebenso zu beachten ist der Tryptophangehalt im Fleisch. Tryptophan ist eine essentielle Aminosäure, die vom Körper selbst nur in ganz geringem Umfang hergestellt werden kann und daher über die Nahrung aufgenommen werden muss. Tryptophan ist besonders gut vertreten in den dunkleren Fleischpartien vom Hähnchenschenkel sowie in Kalbfleisch. **Da Tryptophan nicht gut lagerfähig und kälteempfindlich ist, sollte zur Herstellung des Breis keine tiefgekühlte Ware, sondern nur Frischware genommen werden, die direkt vom Schlachter geholt wurde.**

Fleisch ist in der Regel von Natur aus ebenfalls unbedenklich in Bezug auf Nitrat und Nitrit. Aber, wie bei der Käseproduktion auch, werden bei bestimmten Herstellungsarten von Fleisch- und Wurstwaren Pökelsalze verwendet, die Nitrat und Nitrit enthalten. Vielen gepökelten Fleischprodukten, wie beispielsweise Kassler, gekochter und geräucherter Schinken, Leberkäse sowie Salami, werden Nitritpökelsalze zugesetzt. Zu erkennen sind diese Lebensmittelzusätze an den folgenden E-Nummern in der Zutatenliste: **E 249 steht für Pökelsalz, E 250 für Natriumnitrit, E 251 für Natriumnitrat und E 252 für Kaliumnitrat.** Lebensmittel mit diesen Zusätzen sollten in der Säuglingsernährung keine Verwendung finden.

Unbedenklich sind hingegen meist Wurstprodukte von Bio-Metzgern, wie z.B. Demeter, Bioland und Gäa. Diese verzichten meist auf Pökelsalze bei der Produktion ihrer Waren. Zu sehen ist es an der wenig rosigen, sondern eher grau anmutenden Wurstware.

FISCH UND MEERESTIERE WICHTIG FÜR DIE GEHIRNENTWICKLUNG UND ZUR ALLERGIEPROPHYLAXE

Fisch wird in einigen Ratgebern schnell in Verbindung mit Allergien im Säuglingsalter gebracht. Ein zu frühes Einführen von Fischeiweiß soll angeblich bei allergiegefährdeten Kindern zum Ausbruch einer Fischallergie führen. Daher wird in älteren Ratgebern empfohlen, Fisch generell erst nach dem vollendeten ersten Lebensjahr zu füttern. In den letzten Jahren häufen sich jedoch Studien, die genau das Gegenteil zeigen. Eine aktuelle schwedische Studie kommt zu dem Ergebnis, dass der Konsum von Fisch alle 10 bis 14 Tage ab dem 7. Lebensmonat während ihres 1. Lebensjahres mit einem reduzierten Risiko für eine allergische Erkrankung bis zum vierten Lebensjahr verbunden ist. Grund für das verminderte Allergierisiko bei frühzeitigem Konsum von Fisch wird einerseits die frühe Gewöhnung an Fremdeiweiß genannt. Andererseits werden die in Fischen vermehrt enthaltenen Omega-3-Fettsäuren (hauptsächlich Eicosapentaen-(EPA) und Docosahexaensäure (DHA) in Bezug auf ein vermindertes Allergierisiko genannt. Omega-3-Fettsäuren verändern die Aktivität der Immunzellen bzw. dämpfen die Immunantwort und wirken entzündungshemmend. Hierbei ist es wichtig, dass das Kind den Fisch selbst isst. Die Mutter kann aber auch schon während der Schwangerschaft das noch ungeborene Kind vor einem Allergierisiko schützen, indem sie Fisch isst. **Nach dem gegenwärtigen Stand der Forschung ist eine allergenarme Ernährungsweise in der Schwangerschaft und während der Stillzeit nicht empfehlenswert,** damit das Kind über die Nabelschnur und über die Muttermilch mit potentiellen Allergenen vertraut gemacht wird und das Immunsystem sich daran gewöhnen kann. Über die Nabelschnur und mit der Muttermilch nimmt das Kind Omega-3-Fettsäuren auf, sofern die Mutter sie denn selbst konsumiert hat. Besonders zu empfehlen sind in

Zur Herstellung von Beikostbrei mit Fisch ab dem zweiten Lebenshalbjahr sprechen auch die folgenden positiven Merkmale von Fischfleisch:

- leicht verdaulich
- von hoher biologischer Wertigkeit wegen seiner ausgewogenen Aminosäurenzusammensetzung
- reich an Aminosäuren (z.B. Lysin, Isoleucin, Taurin, Valin)
- reich an Vitamin D, B6, B12 und Niacin
- reich an essentiellen Fettsäuren,
- reich an Jod und Selen

Kartoffel Gurke Lachs

diesem Zusammenhang der Konsum folgender Fische und deren Rogen (Fischeier): Hering, Wildlachs, Makrele sowie Sardine, evtl. auch als Dosenware, bei der der Fisch in Öl eingelegt ist. Diese Fischsorten weisen sehr hohe DHA- und EPA-Werte auf, die besonders wichtig für die Gehirn- und Augenentwicklung sind.

Für die Zubereitung von Beikost ab dem 7. Lebensmonat in Form eines **Kartoffel-Fisch-Breis** eignen sich fette Kaltwasser-Meeresfische wegen der wichtigen Fettsäuren DHA und EPA besonders gut, wie Lachs, Hering, Makrele, Sardine und Thunfisch. Aber auch fettarme Fische, wie Dorsch, Scholle, Flunder, Zander, Heilbutt und Meeres-Forelle, können aufgrund der hohen biologischen Wertigkeit der Aminosäurenzusammensetzung verwendet werden.

Bei Wildfischen gilt folgende Faustregel: Je fetthaltiger der Fisch ist, umso mehr essentielle Fettsäuren weist er auch auf.

Bei Zuchtfischen jedoch werden beim Futter aus wirtschaftlichen Gründen zunehmend die wertvollen Bestandteile tierischen Ursprungs wie Fischmehl oder Fischöl durch pflanzliche Produkte wie Getreide oder Pflanzenöle ersetzt. Da auch Fische diese essentiellen Fettsäuren nicht selbst herstellen können, sondern sie ebenfalls mit der Nahrung aufnehmen müssen, enthalten Zuchtfische häufig nicht mehr die gewünschten hohen Werte an essentiellen Fettsäuren EPA und DHA, die für die kindliche Hirnentwicklung so wichtig sind.

Des Weiteren ist zu beachten, dass bei Wildlachs der Gehalt an Chrom höher als bei dem weniger orange-rötlichen Zuchtlachs ist. **Kinder mit Neurodermitis vertragen Wildlachs daher weniger gut; besser geeignet sind dann frischer Hering, Makrele oder Sardine.**

Die Fische sollten frisch vom Fischhändler stammen und dürfen nicht überlagert sein. Räucherware ist nicht geeignet für die Säuglingsnahrung. Tiefkühlware enthält zwar noch ausreichend Omega-3-Fettsäuren, aber kälteempfindliche Aminosäuren, wie z.B. Lysin und Isoleucin (in Forelle), sind dann nicht mehr bioverfügbar. Das gleiche gilt auch für Jakobsmuscheln, die sich ebenfalls gut ab dem 7. Lebensmonat zur Breiherstellung eignen. Jakobsmuscheln sind reich an Omega-3-Fettsäuren, Eisen, Zink, Jod und Vitamin B2 und B5 (Pantothensäure). Sie sollten nur als Frischware verwendet werden und keine zu langen Lieferwege hinter sich haben. Gute Qualität bekommt man aus Norwegen und Frankreich. Andere Schalentiere (z.B. Miesmuscheln) oder auch Krustentiere, wie z.B. Schrimps oder Garnelen, sollten aufgrund der meist sehr hohen Giftbelastungen nicht zur Herstellung von Beikost verwendet werden.

Fischeier, Rogen, aus Dorsch, Hering oder auch Felchen (Lachsfisch) weisen ebenfalls hohe Werte an essentiellen Omega-3-Fettsäuren EPA und DHA auf, die sich besonders positiv auf die Hirnentwicklung und das Sehvermögen des heranwachsenden Kindes auswirken.

Literaturempfehlung:

- **Biofisch: ja- oder nein?** In: Forschungsreport spezial ökologischer Landbau, 2014 (3). https://openagrar.bmel-forschung.de/rsc/viewer/Document_derivate_00007468/S1821.pdf?page=1
- Stellungnahme des Bundesinstitutes für Risikobewertung Nr. 00½007 vom 27.9.06: **Allergien durch verbrauchernahe Produkte und Lebensmittel.** www.bfr.bund.de

FETT UND ÖL

In Fett und Öl sind viele essentielle Fettsäuren enthalten, die unter anderem auch für das Wachstum des Nervensystems und des Gehirns sowie für das Sehsystem notwendig sind. Viele der gekauften Fertigbreie aus dem Gläschen enthalten nur unzureichende Mengen an Fett, sodass sie durch Zugabe von Öl oder Butter aufgewertet werden sollten (s.S. 14).

Beim Herstellen von Babybrei sollten immer pro 200 ml fertigen Brei ca. 2 Teelöffel Fett enthalten sein. Im Sommer eignen sich gute Öle mit einem hohen Anteil an der essentiellen Omega 3-Fettsäure Alpha-Linolensäure und dem fettlöslichen Vitamin E, wie sie in Weizenkeimen und Weizenkeimöl, Walnussöl, Leinöl, Rapsöl und Olivenöl vorkommen. Wichtig bei der Versorgung mit Omega-3-Fettsäuren (pflanzlichen oder tierischen Ursprungs) ist, dass gleichzeitig die Zufuhr an Omega-6-Fettsäuren verringert wird, damit die Wirkung nicht reduziert wird. Die häufigsten Omega-6-Fettsäuren sind Linolsäure, die reichlich in Sonnenblumen-, Mais- und Weizenkeim-, Distelöl und daraus hergestellten Margarinesorten enthalten ist, sowie Arachidonsäure, die in geringen Mengen in tierischen Fetten (z.B. in Lammfett) vorkommt. Da mehrfach ungesättigte Fettsäuren – und damit auch Omega-3-Fettsäuren – schnell mit Luftsauerstoff reagieren und oxidieren, muss man sie durch so genannte Antioxidantien davor schützen. Wer die Zufuhr an Omega-3-Fettsäuren erhöht, ob aus pflanzlichem Öl oder aus fettem Kaltwasserfisch, braucht mehr von dem antioxidativ wirkenden Vitamin E z.B. aus Weizenkeimen/-öl.

Bei der Babybreizubereitung muss zudem darauf geachtet werden, dass **kein kaltgepresstes Öl** verwendet wird, da Pilzgifte und Schwermetalle enthalten sein können. Öl aus nicht ökologischer Herstellung kann zudem Rückstände chemischer Pflanzenschutzmittel enthalten, was ebenso nicht für Babybrei verwendet werden darf. Je kälter es draußen wird, umso mehr benötigt das Kind Butterfett (Sahne, Butter, Butterschmalz) oder sogar Schmalz von Bio-Schweinen; letzteres nur, sofern das Kind kein zusätzliches Vitamin-D-Präparat bekommt.

Nicht jedes Öl darf stark erhitzt werden. Möchte man das Gemüse, das Fleisch, den Fisch kurz schonend anbraten, sollte hierzu Butter, Butterschmalz oder Oliven- oder Rapsöl verwendet werden. Das Öl darf dabei nicht mehr als auf 140°C erhitzt werden bzw. beim Erhitzen darf der Rauchpunkt nicht erreicht werden. Der Rauchpunkt markiert den Zeitpunkt, ab dem das Öl oder das Fett sichtbar anfängt zu qualmen. Der Rauch entsteht dadurch, dass die einzelnen Fettsäuren anfangen zu oxidieren und sich aufspalten. Dabei entsteht das giftige Acrolein. Das zu heiß gewordene Fett muss verworfen werden.

Nach dem Garprozess, beim Pürieren der Breizutaten kann schließlich auch sehr hochwertiges Öl mit einem hohen Anteil an essentiellen Fettsäuren verarbeitet werden, da die Temperaturen so niedrig sind, dass sie dem Öl nichts mehr anhaben können.

ZUCKER UND ANDERE SÜSSUNGSMITTEL

Weder Zucker noch andere Mittel zum Süßen sollten zur Herstellung der Beikost verwendet werden. Sie wirken sich negativ auf die Geschmacksprägung aus, stören die Darmflora und verursachen Karies bei den mit wenig Zahnschmelz ummantelten und empfindlichen Milchzähnen. Selbst ganz gesund klingende Zuckerformen wie Birnen-, Agaven- oder Apfeldicksaft benötigt das Kind nicht. Honig und Ahornsirup können sogar schädlich für Säuglinge sein, da sie das Bakterium Clostridium botulinum enthalten, welches bei jungen Kindern im ersten Lebensjahr eine schwere, lebensbedrohende Erkrankung auslösen kann. Künstliche Süßstoffe wie Aspartam (E951), Cyclamat (E952), Stevia (E960) sollten ebenfalls nicht zur Zubereitung von Säuglingsbreien verwendet werden.

TRINKWASSER

Leitungswasser ist in Deutschland eines der meist kontrollierten Lebensmittel und kann daher fast immer unbesorgt für die Zubereitung von Säuglingsnahrung verwendet werden. Es sollte jedoch weder abgestanden noch durch zusätzliche Wasserfilter gelaufen sein. Für die Säuglingsnahrung ist es sinnvoll, das Wasser so lange aus dem Hahn fließen zu lassen, bis das warme Wasser abgelaufen und nur noch kaltes Wasser herausfließt.

In Gebäuden mit alten, bleihaltigen Wasserleitungen, die gereinigt wurden sowie in Neubauten, in denen erst vor kurzem Kupferrohre verbaut wurden, kann es noch zwei Jahre lang zu erhöhten Metallwerten im Leitungswasser kommen.

In einigen Regionen, in denen das Grundwasser unter landwirtschaftlich genutzten Flächen zur Gewinnung von Trinkwasser genutzt wird, kann es zu erhöhten Nitratwerten im Leitungswasser kommen. Trinkwasser darf gesetzlich höchstens 50 mg Nitrat pro Liter enthalten. Dieser Wert kann für Säuglinge unter 6 Monaten bereits gefährlich sein. Wenn man zur Zubereitung der Säuglingsmilch Leitungswasser nimmt, lohnt es sich, das eigene Leitungswasser vorab untersuchen zu lassen. In vielen Kommunen ist dieses für Haushalte mit einem Säugling ohne Kosten verbunden. Wenn sich dabei herausstellt, dass das Leitungswasser zu stark belastet ist, eignet sich nitratarmes Mineralwasser ohne Kohlensäure mit dem Aufdruck „geeignet zur Herstellung von Säuglingsnahrung“.

ZUBEREITUNGSARTEN

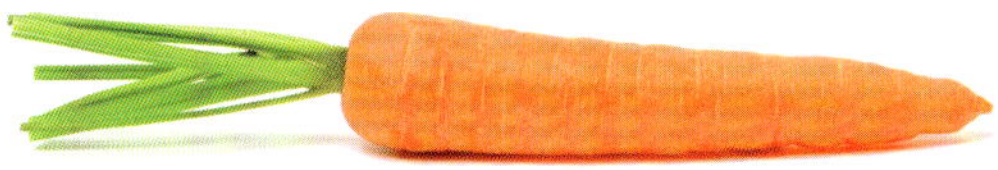

Gemüse

Gemüse ist generell gut verträglich. Bei der Zubereitung des Breis ist darauf zu achten, dass er aus frischem Gemüse hergestellt wird. **Zu lange Lagerungszeiten, Tiefkühlung und Dosenware verändern das Gemüse nachteilig.** Brei aus frischem Gemüse kann von der Darmflora am besten aufgespalten werden. Durch Tiefkühlung und Überlagerung können die Zellulosestrukturen zu stark aufquellen, sodass die Darmflora sie nicht mehr gut aufzuspalten und zu kurzen Fettsäuren verarbeiten kann. Bei der Herstellung von Babybrei ist dieser Aspekt nicht zu vernachlässigen, auch wenn natürlich das Gemüse etwas weicher sein muss als für die Großen, damit man es fein pürieren kann. Ein leistungsstarker Mixer oder Pürierstab sind hierfür sehr zu empfehlen (auch ein wundervolles Geschenk zur Geburt eines Kindes!). Besonders wichtig, um Zellulosestrukturen gut zu verdauen, ist die Kombination mit tierischem Fett wie z.B. Sahne, Butter oder Butterschmalz. **Beim Garen von Gemüse sollte desweiteren weder ein Dampfgarer noch ein Schnellkochtopf verwendet werden**, da durch den Druck ebenfalls die Zelluloseschichten zu stark verändert werden, sodass es zu Störungen der Darmflora und zu Koliken kommen kann. Ebenfalls ungünstig wirkt sich das Erwärmen von Speisen in einem **Mikrowellenherd** aus. Einerseits werden Keime nicht ausreichend abgetötet und andererseits können Eiweißstrukturen in ihrer Bioverfügbarkeit herabgesetzt werden.

Eine Verdauungshilfe für Gemüse ist neben natürlichem Vitamin C auch ein wenig Salz (Meersalz), um ausreichend Magensäure bilden zu können. Salz darf in sehr geringen Mengen einem Gemüsebrei hinzugefügt werden. Salz erhalten Säuglinge auf natürliche Weise über die Muttermilch und auch industriell hergestellte Säuglingsanfangsmilch enthält pro 200 ml-Portion bis zu 0,1 g Salz. Fertiger Gemüsebrei aus dem Gläschen (z.B. Frühkarotten mit Kartoffel ab vollendetem 4. Lebensmonat) enthält pro 190 g 0,2 g Salz. Ein sogenanntes „Baby-Menü", wie z.B. Spaghetti Bolognese, enthält pro 220 g fertigen Brei 0,61 g Salz. Zum Mengenvergleich: Die Maßeinheit 1 Messerspitze entspricht einer Salzmenge von 0,25 g Salz und 1 Prise Salz entspricht 0,3 g Salz. In einem Baby-Menü, welches ab dem 8. Lebensmonat gefüttert werden darf, stecken dem entsprechend 2 Prisen Salz!

Gemüse sorgfältig waschen, wenn nötig schälen (z.B. Karotten) und schließlich in kleine bzw. mundgerechte Stückchen teilen. Ein wenig Butter/Butterschmalz oder hitzestabiles Öl (z.B. Raps- oder Sonnenblumenkernöl) in eine Pfanne oder Topf geben und zusammen mit dem Gemüse, einer Mini-Prise Meersalz und ein wenig Wasser (1 EL) bei geschlossenem Deckel langsam erhitzen. Das Gemüse darf nicht ansetzen. Wenn die Temperatur zu hoch ist, kann der Topf auch zwischendurch vom Herd genommen werden und für 1 Minute ohne Hitzezufuhr verweilen. Je nach Sorte lässt man das Gemüse weiter für 5 bis 10 Minuten bei niedriger Hitze und geschlossenem Deckel garziehen. Broccoli und Zucchini sind mit dieser Methode schon nach 5 Minuten gegart. Kohlrabi, Blumenkohl und Karotten benötigen je nach Sorte etwas länger.

Das Speisesalz, welches der Chemiker als Natriumchlorid (NaCl) bezeichnet, besteht in der Zusammensetzung aus ca. 60 % Natrium (Na) und 40 % Chlorid (Cl). In der Zutatenliste von Säuglingsmilch ist meistens anstelle des Salzgehalts der Gehalt von Natrium angegeben, der erst noch umzurechnen ist. Der ausgewiesene Natriumgehalt muss mit dem Faktor 2,54 multipliziert werden, um den tatsächlichen Salzgehalt zu ermitteln. 17 mg Natrium (aus der Verpackungsliste) bei trinkfertiger Babymilch entspricht somit einem tatsächlichen Salzgehalt von 43,18 mg in 100 ml der Fertigmilch.

Tiefgekühltes Gemüse eignet sich nicht mehr zur Herstellung von Beikost. Eine Ausnahme bilden grüne junge Erbsen, die jedoch nicht vor dem 8. Monat gefüttert werden sollten. TK-Erbsen werden zusammen mit ein wenig heißem Wasser in einem Topf einmal kurz aufgekocht und sind dann schon fertig für die Weiterverarbeitung zu Brei.

Getrocknete Linsen können ab und zu ebenfalls ab dem 9. LM in geringen Mengen als Beikost gefüttert werden. Hierzu weicht man Tellerlinsen oder Paradina-Linsen in einem Mengenverhältnis von 1 Teil Linsen und 3 Teilen Wasser für 4 bis 6 Stunden vor der Zubereitung ein. Die gequollenen Linsen werden zusammen mit dem Einweichwasser für ca. 6 Minuten bei mittlerer Hitze gekocht. Anschließend Butterfett in Form von Sahne, Butter oder Schmand hinzu fügen und zu Brei verarbeiten. Besonders gut schmecken den Kleinen die so zubereiteten Linsen in Kombination mit gemuster Banane.

Hülsenfrüchte aus der Dose lassen sich ebenfalls verwenden, wie vorgegarte Kichererbsen. Gerade bei vegetarisch ernährten Säuglingen ist auf die Zufuhr von Proteinen zu achten. Ich würde diese jedoch nicht vor dem 9. LM füttern. In Südeuropa (Italien, Spanien), wo Hülsenfrüchte deutlich häufiger als bei uns auf dem Speiseplan stehen, werden Gläschen mit Kichererbsen-Kürbis-Brei schon ab dem vollendeten 6. Lebensmonat angeboten.

Durch die richtige Zubereitungsart lässt sich der Nitratgehalt von Gemüse etwas reduzieren

Nitrat löst sich in Wasser. Bei der Zubereitung von Gemüse ist daher stets zu empfehlen, das Gemüse sehr gründlich zu waschen. Bei Blattgemüse, welches vorab blanchiert wird, geht ein Teil des Nitrats in das Blanchierwasser über. Das Wasser sollte dann nicht mehr verwendet werden. Bei Blattgemüse enthalten besonders die Leitbündel in den Stängeln und Blattrippen sowie die äußeren Hüllblätter hohe Nitratwerte. Für Babynahrung sollte man diese stets entfernen, was zwar auf Kosten der meist dunkelgrünen Blattanteile geht, die besonders viel Magnesium und Folsäure aufweisen, aber über andere Nahrungsmittel wie Gurke für Magnesium und etwas frische Orange für Folsäure auszugleichen ist. Des Weiteren wirkt Vitamin C, welches meist in frischen grünen Pflanzen auf natürliche Weise vorhanden ist, einer gesundheitsschädigenden chemischen Weiterentwicklung von Nitrat entgegen. Durch Beimengung von etwas frischem Zitronensaft zum Babybrei, kann man diesen Schutz noch verbessern.

Je länger ein fertiger Babybrei aufbewahrt wird, umso mehr besteht die Gefahr, dass Bakterien enthaltene Nitrate in das gefährliche Nitrit umwandeln. Es ist weder sinnvoll einen Brei länger warm zu halten, noch ihn erneut aufzuwärmen, da einerseits die Bakterienanzahl stetig steigt und andererseits aus dem produzierten Nitrit zusammen mit Aminen unter Wärmeeinfluss die krebserregenden Nitrosamine entstehen. Es ist daher besonders gut, wenn Babybrei immer frisch zubereitet wird. Eine Vorratshaltung auch durch Einfrieren ist zwar sehr praktisch, aber nicht zu empfehlen, da einerseits Bakterien nicht durch den Frost zerstört werden, sondern nur langsamer arbeiten und auch während der Auftauphase aktiv sind und Nitrit produzieren. Andererseits werden kälteempfindliche Nährstoffe im Gemüse zerstört und die Zellstrukturen werden verändert und können unbekömmlich werden. Am besten gelingt einem die stets frische Zubereitung z.B. des Gemüse-Kartoffel-(Fleisch/Fisch/Getreide-) Breis zum Mittagessen, wenn man ihn aus kleinen Portionen des Familien-Mittagessens herstellen kann, welches man eh für die anderen Familienmitglieder und für sich selbst gekocht hat. Dann ist der Aufwand, täglich frischen Brei herzustellen, verschwindend gering.

Kartoffel Karotte

GRUNDREGELN BEI DER HERSTELLUNG VON BABYBREI, UM NITRAT- UND NITRIT- UND NITROSAMINWERTE GERING ZU HALTEN:

- Gemüse und Getreide aus biologisch-dynamischer und ökologischer Landwirtschaft (Bio-Ware) verwenden.
- Vermehrt nitratarme Gemüsesorten verwenden.
- Gemüse sehr gut waschen.
- Blanchierwasser nicht weiter verwenden.
- Bei Blattgemüse (z.B. Spinat, Mangold) Stängel und Querrippen entfernen.
- Dunkelgrüne Hüllblätter entfernen.
- Gemüsebrei stets frisch zubereiten, nicht zu heiß erwärmen, nicht warm halten, nicht erneut aufwärmen und keine Vorratshaltung machen.
- Gemüsebrei darf nicht länger als 24 Stunden gekühlt gelagert werden.
- Nitrit- und Nitratarme Käse (gereifte Rohmilchhartkäse und Parmesan) nach 6. LM in geringen Mengen verwenden, wenn Kalzium benötigt wird (z.B. beim Zahnen, Einschlafschwierigkeiten am Abend).
- Wenn Schinken- und Wurstwaren verwendet werden, dann nur Bio-Wurst und Bio-Schinken ohne Pökelsalze
- Dunkle Fleischsorten aus biologischer Landwirtschaft verwenden, damit ausreichend Eisen vorhanden ist.
- Bei Fischbrei sollte möglichst nur Frischware in Ausnahmefällen auch einmal Dosenware verwendet werden. Räucherware eignet sich nicht zur Beikostherstellung.
- frisches Vitamin C zum Brei geben, damit Bakterien reduziert werden, Nitrat nicht zu Nitrit umgewandelt werden kann und damit die Eisenaufnahme verbessert wird.

Obst

Obst muss immer gut gewaschen werden, auch wenn die Schale bei vielen Obstsorten entfernt wird. Wenn es möglich ist, sollte immer frisches, nicht eingekochtes Obst verwendet werden, das gerieben oder gemust wird. Bei Zitrone oder Orangen eignet sich der frisch ausgepresste Saft als Beimengung zum Beispiel zu einem Fleisch-Gemüse-Brei. Im Winter kann auch gerne einmal auf tiefgekühltes Obst oder Kompott zurückgegriffen werden. Es eignen sich Blaubeeren, Brombeeren und Himbeeren aus der Tiefkühlung sowie auch Kirschen. Der Vitamingehalt ist allerdings minimierter als bei Frischware. Mineralien und Spurenelemente bleiben erhalten.

Getreide

Getreide muss immer in gegartem Zustand zur Herstellung von Beikost verwendet werden. Es gibt jedoch in der Produktpalette der Säuglingskost Ausnahmen beziehungsweise viele Getreideprodukte, die schon vorab wärmetechnisch so behandelt wurden, dass der Verbraucher sie nicht mehr aufzukochen hat. Diese speziellen Getreide(schmelz)flocken, die extra zur Zubereitung von Getreidebrei für Säuglinge entwickelt wurden, müssen lediglich in 50°C heißes Wasser eingerührt werden, um auszuquellen und bekömmlich zu werden. Diese Getreideflocken sind meist aus Vollkorngetreide hergestellt worden und sind für die Ernährung von Säuglingen ab dem 6. Lebensmonat gut geeignet. Da Vollkorngetreide immer auch phytinsäurehaltig ist, eignen sie sich besonders gut in Kombination mit Gemüse und Obst, nicht jedoch in Kombination mit Fleisch und Fisch als Eisenlieferant. Phytinsäure aus Vollkorngetreide bindet unter anderem Eisen im Darm, sodass ein Teil davon nicht mehr aufgenommen werden kann. Da die Eisenspeicher bei den meisten Säuglingen nach dem 6. vollendeten Lebensmonat wieder gefüllt werden müssen, ist auf Eisen besonders zu achten. Eine Kombination von Vollkorngetreide mit Fleisch oder Fisch ist daher für Säuglinge nicht so zu empfehlen.

Normaler Weizengrieß und Maisgrieß (Polenta) müssen immer gekocht werden und gut ausquellen. Instantware kann auch hierbei eine Ausnahme darstellen. Es werden auch fertig zusammengestellte Milch-Getreidegrieß-Breie angeboten, denen nur noch heißes Wasser beigemengt werden muss. Da diese Instantbreisorten meist sehr hohe Zuckermengen enthalten sowie andere Zusätze (s.S. 15), sollten sie jedoch nicht verwendet werden.

Die Körner von Hirse, die nicht als Flockenware vorliegen, werden in einem Sieb so lange mit kaltem Wasser abgespült, bis es klar bleibt. In einem Mengenverhältnis von 1 Teil Körner zu 3 Teilen Wasser werden sie bei niedriger Hitze zugedeckt für 12 Minuten gekocht. Anschließend lässt man sie für weitere 10 Minuten ohne zusätzliche Hitzezufuhr ausquellen.

Fleisch

Fleisch muss immer in gegartem Zustand beim Herstellen von Babybrei verwendet werden. Entweder nimmt man ein wenig von dem für die anderen Familienangehörigen zubereitetem Fleisch ab – wie auch immer dieses dann gegart wurde, oder man kocht die 20 bis 30 g frisches, nicht tiefgefrorenes Fleisch in einer geringen Menge an Wasser innerhalb von ein paar Minuten gar. Das restliche Wasser vom Fleischgaren kann anschließend weiter verwendet werden zur Herstellung des Breis, da die darin gelösten Stoffe mit verwendet werden sollten.

Fisch und Meerestiere

Fisch enthält viele Aminosäuren, die nicht zu starker Hitze ausgesetzt werden dürfen. Fisch sollte nur bis zu einer Temperatur von 70°C ausgesetzt werden. Es empfiehlt sich daher, nur ganz frischen Fisch, der noch nicht riecht, für die Beikostherstellung zu verwenden.

Den Fisch lässt man in heißem Wasser gar ziehen. Hierzu bringt man ca. die fünffache Menge an Wasser in einem Kochtopf zum Kochen. Anschließend wird der Topf von der Herdplatte genommen und das Stück Fisch in das heiße Wasser gelegt und mit einem Deckel verschlossen. Das Fischfilet (20-30 g) benötigt nun ohne weitere Hitzezugabe 2-4 Minuten zum Garziehen in Abhängigkeit von der Dicke des Fischfilets. Wenn nicht nur die Fischportion für die Beikost gegart werden soll, sondern auch Fischportionen für die anderen Familienangehörigen, muss entsprechend die Garzeit verlängert werden. 150 g Fischfilet benötigen ca. 15 min zum Garziehen. Diese Methode eignet sich nur bis zu einer Menge von 3 Filets (à 150 g) gleichzeitig. Wenn man darüber hinaus weitere Filets gleichzeitig garen möchte, benötigt man zusätzliche Töpfe. Frischer Rogen (Fischeier) vom Hering, Lachs, Dorsch/Kabeljau oder Forelle oder auch von das Jakobsmuschel eignen sich gut zur Herstellung von Babybrei. Zu bekommen ist frischer Rogen beim Fischhändler. Verarbeiteter Rogen als Kaviar im Glas ist meist zu stark gesalzen und daher ungeeignet. In Dänemark kann man Dorschrogen ohne großen Aufwand im normalen Supermarkt als Dosenware bekommen. Eine Zeit lang gab es den Rogen aus der Dose auch bei uns im Discounter-Markt. Bei der Zubereitung für einen Brei muss der Rogen wie das Fleisch vom Fisch gegart verarbeitet werden.

BEIKOSTFAHRPLAN

Schrittweise Umstellung von der Milchmahlzeit zur Breikost

Nach den ersten 6 Monaten, frühestens nach den ersten 4 Lebensmonaten, in denen der Säugling ausschließlich mit Muttermilch oder Säuglingsmilch ernährt wurde, kann langsam eine schrittweise Umstellung der Ernährung stattfinden. Spätestens zu Beginn des 7. Lebensmonats sollte das Kind die erste Breinahrung erhalten. Der individuelle Zeitpunkt ist abhängig von der Entwicklung des Kindes und dessen Essfähigkeit.

Hauptenergielieferant bleibt allerdings zunächst weiterhin die Milchnahrung. Nach und nach werden einzelne Mahlzeiten durch Breikost ersetzt. **Begonnen wird am besten mit der Einführung des Gemüse-Kartoffel-Breis mit Fleisch oder Fisch zum Mittagessen.** Ein- bis zweimal in der Woche ist der mittägliche Fleischanteil durch Fisch zu ersetzen. Bei vegetarisch ernährten Kindern, was möglich, aber nicht zu bevorzugen ist, kann Fleisch bzw. Fisch auch durch Getreide ersetzt werden. **Einen Monat später folgt die Einführung von Getreide am Abend. Einen weiteren Monat später folgt die Einführung von Obst in Kombination von Getreide am Nachmittag.**

Während der ersten 10 bis 12 Monate wird die Frühstücksmahlzeit nicht ersetzt. Entweder kann weiterhin gestillt werden oder Säuglingsmilch aus dem Fläschchen gegeben werden. Ab dem 10. bis 11. Lebensmonat ist eine schrittweise Gewöhnung an das Familienessen mit Brot und Aufschnitt zum Frühstück zu empfehlen. Eisen aus Fleisch- und Wurstwaren sowie Kalzium aus Hartkäsesorten werden besonders gut am Morgen aufgenommen, da der Magen zu diesem Zeitpunkt besonders aktiv ist und die Eiweißmahlzeit besonders gut vorverdaut werden kann.

Häufig wird die Frage gestellt, wie viel zusätzliche **Flüssigkeit** ein Kind zur Beikosteinführung bekommen sollte. Die Ernährungskommission der Deutschen Gesellschaft für Kinderheilkunde und Jugendmedizin sowie das Forschungsinstitut für Kinderernährung (FKE) empfehlen übereinstimmend, dass ein voll gestilltes oder mit Säuglingsmilch ernährtes Kind keine zusätzlichen Getränke benötigt. **Erst, wenn das Kind drei volle Breimahlzeiten bekommt, sind zusätzliche Flüssigkeitsgaben erforderlich.** Die Menge ist dann recht gering: Pro 25 kg Körpergewicht benötigt man 1 l Wasser am Tag. Wenn ein Säugling mit ca. 7 Monaten zwischen 6 bis 8 kg wiegt, ergibt sich daraus gerade einmal ein zusätzlicher Wasserbedarf von 240 ml bis 330 ml über den Tag verteilt. In Ausnahmefällen, wie beispielsweise Fieber und Durchfall, können zusätzliche sowie frühere Gaben notwendig sein, die mit einer Kinderärztin oder einem Kinderarzt zu besprechen sind. Als Getränk eignet sich stilles Wasser aus einem (Schnabel-)Becher am besten. Gesüßte Tees und Saftschorlen führen schnell zu Karies, da der Zahnschmelz der Milchzähne empfindlich ist und Säure und Zucker zu Schädigungen führen können.

Variationsreich soll es sein

Entgegen früherer Empfehlungen wird heute Wert darauf gelegt, dass die einzelnen Phasen variationsreich gestaltet werden. Es sollte nicht über einen längeren Zeitraum nur ein Gemüse zur Breiherstellung verwendet werden, wie über eine Woche lang nur Karotte-Kartoffel-Brei. Besser ist es, verschiedene Gemüse bzw. Getreide oder Obstsorten zu verwenden. Ebenso können Fleischsorten und Fischarten variationsreich genutzt werden. Diese Empfehlung gilt auch für Kinder mit erhöhtem Allergierisiko. Heutzutage wird davon ausgegangen, dass die Meidung oder spätere Einführung von Lebensmitteln, die häufiger Allergien auslösen, keinen Schutz vor Allergien bietet. Im Gegenteil: Die sehr späte Einführung von potentiellen Allergenen führt sogar eher zu einer allergischen Reaktion auf diese Stoffe.

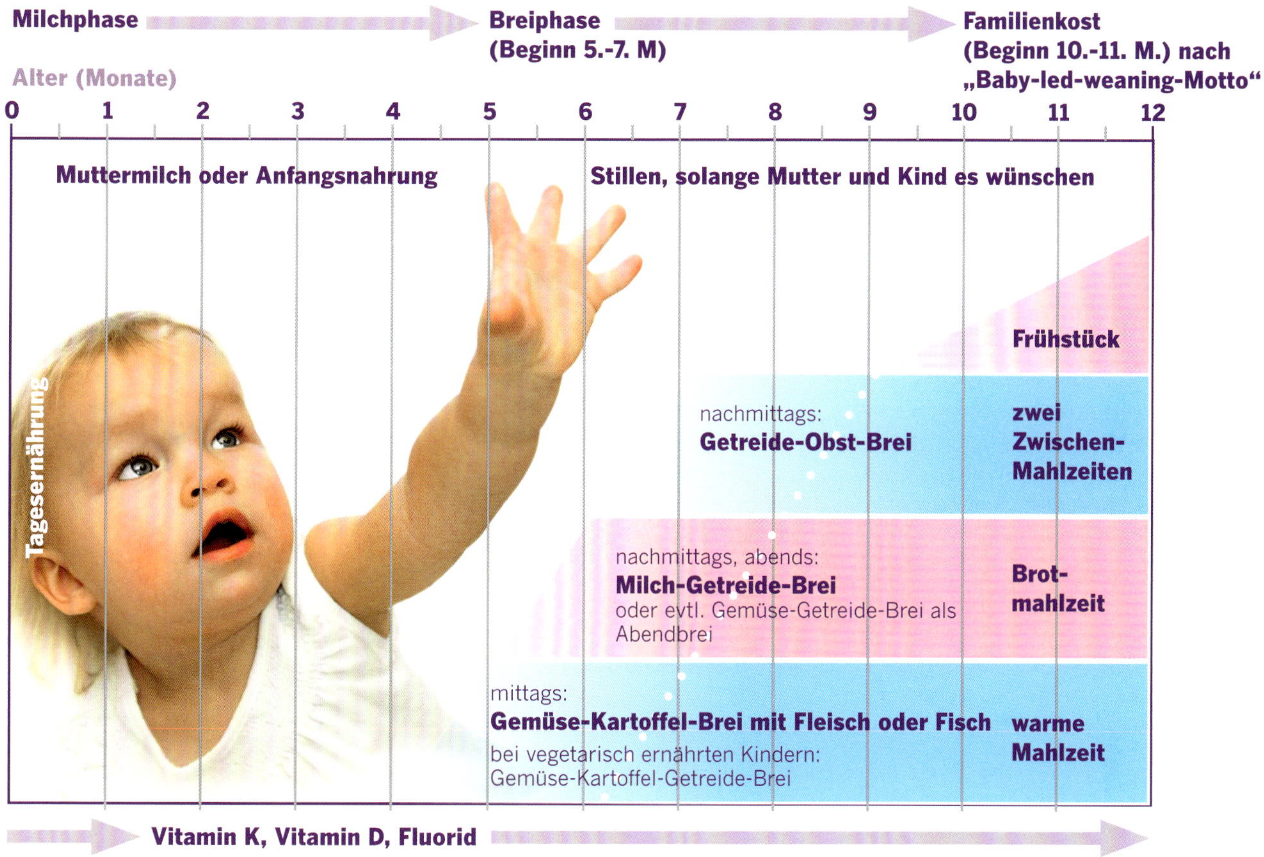

Schema des „Ernährungsplans für das 1. Lebensjahr" mit Milchernährung und Beikost sowie Nährstoffsupplementen. Modifiziert nach: Beikostplan des Forschungsinstituts für Ernährung in Dortmund und Ernährungskommission der Deutschen Gesellschaft für Kinder- und Jugendmedizin (dgkj), Monatsschr. Kinderheilkd. Heidelberg: Springer Verlag, 2014

Bei diesem modifizierten Beikostplan ist die erste Breieinführung mit Gemüse-Kartoffel-Fleisch-Brei ergänzt durch den Gemüse-Kartoffel-Fisch-Brei, der ein- bis zweimal pro Woche den Fleischbrei ersetzen soll. Aufgeführt wird in diesem Beikostplan auch die Abfolge bei vegetarisch ernährten Kindern in Form eines Gemüse-Kartoffel-Getreide-Breis als Beikoststart. Eine weitere Änderung des Beikostplans besteht in der Einführung eines Gemüse-Getreide-Breis als zweiten Brei, der am Abend ab und zu gegeben wird, wenn der normalerweise gefütterte Milch-Getreide-Brei zu Unruhe und Einschlafstörungen führt. Ab dem vollendeten 10. bis 11. Lebensmonat kann das Kind dann ganz nach dem Baby-led-weaning-Motto sich nach und nach zusätzlich dem Familienessen widmen.

1. PHASE: ERGÄNZENDE MITTAGSMAHLZEIT: GEMÜSE-KARTOFFEL-BREI MIT FLEISCH ODER FISCH

Beginn: 5. bis 7. Lebensmonat

Begonnen wird am besten mit ein wenig Gemüse-Kartoffel-Brei mit Fleisch zum Mittagessen, der mit ergänzender Muttermilch oder Säuglingsmilch abgerundet wird.

Zu Beginn des Breifütterns ist ein weicher Gummilöffel sinnvoll, damit der Säugling den Löffel nicht als unangenehm empfindet. In diesem Alter schaffen es viele Säuglinge noch nicht, den Löffel mit den Lippen zu leeren, sondern drücken wie beim Saugen die Zunge gegen den harten Gaumen. Der Gummilöffel passt sich dieser Prozedur an. Ein harter Löffel wäre für den Gaumen schmerzhaft.

Die Kinder reagieren ganz unterschiedlich auf die erste Breinahrung. Wenn der Säugling signalisiert, dass er lieber weiterhin gestillt wird oder Säuglingsmilch aus der Flasche möchte, kann man diesem Wunsch nachgehen und es zu einem späteren Zeitpunkt, evtl. zwei Wochen später, erneut mit dem Breifüttern versuchen. Einige Mütter und Väter haben auch gute Erfolge bei der Einführung der Beikost, wenn sie ihr Kind geduldig jeden Tag mit einer kleinen Portion an Beikost gewöhnen ohne dabei zu erwarten, dass es recht bald eine große Portion schafft.

In vielen Ratgebern wird zunächst mit süßem Milchbrei die Beikostphase eingeleitet. Ein fleischhaltiger Gemüse-Kartoffel-Brei hat jedoch den Vorteil, die Eisenversorgung des Säuglings zu gewährleisten. Nach einer ausgiebigen Stillphase sind die Eisenreserven des Säuglings recht niedrig, sodass das Hämeisen (bioverfügbares Eisen aus tierischen Nahrungsmitteln) aus Fleisch und Fisch recht schnell zu einer guten Eisenversorgung führt. Die Bioverfügbarkeit von Hämeisen ist mit einer Aufnahme von ca. 20 bis 30% wesentlich höher als von Eisen aus pflanzlichen Nahrungsmittel, die nur bei ca. 2 bis 10 % liegt. Es ist nicht notwendig, jeden Tag fleisch- oder fischhaltigen Brei

Zucchini Kartoffel Lamm

Ablauf der Mahlzeit zu Beginn der Breikosteinführung:

- Erst ein bis zwei Teelöffel Brei lauwarm füttern.
- Etwas abwarten. Wenn das Kind weiterhin Brei möchte, gerne weiterfüttern bis es signalisiert, dass es genug hat, z.B. durch Wegdrehen des Kopfes, wenn der Löffel zum Mund geführt wird, oder durch Abwehren des Löffels oder durch Wegstoßen des Breigefäßes etc.
- anschließend wird der Säugling so lange gestillt bis er keinen Hunger mehr hat. Die Enzyme in der Muttermilch erleichtern dem Kind das Verdauen der neuen Kost. Sofern abgestillt wurde, ergänzt Säuglingsmilch die Nahrungsaufnahme. Eine zusätzliche Flüssigkeitsgabe, wie z.B. stilles Wasser, ist in dieser Phase nicht sinnvoll.

zu füttern. Wichtig jedoch ist, mit der ersten Breieinführung nicht zu spät zu beginnen und mit der ersten Breiphase dem Bedarf an Eisen und Zink und auch an den aus Tieren stammenden Omega-3-Fettsäuren EPA und DHA gerecht zu werden. Die Eisen- und Zinkmengen, die ein Säugling mit dem Brei aufnehmen soll, wurde in den letzten Jahren nach oben korrigiert. Heute gilt auch bei uns, wie es im europäischen Ausland schon längere Zeit vorherrschend praktiziert wird, dass eine Versorgung von 20 bis 30g dunklem Fleisch oder Fisch bis zu fünfmal pro Woche ausreichen sollte, um den Bedarf zu decken. Studien haben ergeben, dass die kognitiven Leistungen und das Volumen des Hirnwachstum deutlich von der Eisen- und Zinkaufnahme abhängen. Als Faustregel gilt, je dunkler das Fleisch bzw. der Fisch ist, wie z.B. Rind-, Lammfleisch oder Hering, je mehr Eisen ist auch enthalten. Bei gekauftem Brei mit Fleisch wird empfohlen, mindestens fünfmal pro Woche Fleischbrei zu füttern, da die Eisenwerte im Gläschen zu gering sind. Wichtig ist, dass zusätzlich etwas natürliches Vitamin C im Brei enthalten ist, damit die Eisenaufnahme besser gelingt. Zusätzlich kann eine Mini-Prise Meersalz die Eiweißverdauung im Magen steigern, sodass die Eiweißstrukturen besser zerlegt werden und nicht zu Fäulnisprozessen im Darmtrakt führen. Gerade Schreikindern, die sich in den frühen Abendstunden besonders wenig beruhigen lassen, kann häufig die Beimengung von frischem, natürlichen Vitamin C und einer Mini-Prise Meersalz über den Tag verteilt Abhilfe verschaffen. Auch Butterfett anstelle von Öl sowie die Verwendung niacinhaltigen Gemüses lindern häufig die Verdauungsbeschwerden. Wenn das Kind darauf jedoch nicht sein exzessives Schreiverhalten ändert, wird eine Er höhung der Vitamin C-, Salz-, Butter- oder Niacinmenge nicht weiterhelfen. Ein Kinderarzt muss zu Rate gezogen werden. Es können auch ganz andere Ursachen für das überdurchschnittliche Schreien zugrunde liegen, wie beispielsweise Sodbrennen oder Kopfgelenksdysfunktionen oder, oder, oder. Das in Meersalz enthaltene Jod fördert zusätzlich die Verwertung von Eiweiß im Körper.

Geeignete Zusammensetzung des Gemüse-Kartoffel-Fleisch-Breis:

- 90 – 100 g Gemüse (Broccoli, Blumenkohl, Pastinake, Karotte, Fenchel etc.)
- 40 – 60 g Kartoffeln
- 30 – 35 g Wasser mit etwas frischen Zitronen- oder Orangensaft
- 20 – 30 g Fleisch (Rind, Kalb, Lamm, Hähnchenschenkel)
- 8 – 10 g Öl oder Butter oder Bio-Schmalz
- ½ Prise Meersalz

Zu Beginn sollte der Brei sorgfältig püriert sein, sodass er keine groben Stückchen enthält. Im Alter von 6 bis 8 Monaten lernt das Kind zu kauen, sodass dann auch weniger fein pürierter Brei gefüttert werden kann.

Wenn die Mutter während der Schwangerschaft ab und zu Fisch zu sich genommen hat, ist gegen das Ersetzen des Gemüse-Kartoffel-Fleisch-Breis durch einen Kartoffel-Fisch-Brei nichts einzuwenden. Neueren Studien zufolge ist der Konsum von Fisch ab dem 7. Lebensmonat während des 1. Lebensjahres mit einem reduzierten Risiko für eine allergische Erkrankung bis zum vierten Lebensjahr verbunden. Auf die Fischmahlzeit kann eine noch stillende Mutter ihr Kind auch durch den eigenen Verzehr von Fisch vorbereiten. Der Geschmack von Fisch geht in die Muttermilch über.

Kartoffel Grünkohl Rind

Geeignete Zusammensetzung des Kartoffel-Fisch-Breis:

- 100 g Kartoffeln
- 40 g Gemüse (z.B. Pastinake, Karotte, Fenchel, Zucchini, Blumenkohl, Tomate)
- 30 – 35 g Wasser mit etwas frischen Zitronensaft
- 20 – 30 g frisch gegarter Fisch (Lachs, Hering, Makrele, Sardine, Heilbutt, Kabeljau, Rogen etc.)
- 5 – 10 g Butter
- 1/2 Prise Meersalz

Der Fischbrei kann anteilig auch mit 40 g Kartoffel und 100 g Gemüse und den anderen Zutaten gefertigt werden. Da Fisch und Kartoffel meist recht dämpfend wirken, sollte man darauf achten, dass die Mahlzeit nicht noch zu viel magnesiumreiches, dämpfendes Gemüse enthält. Ausgleichen kann man diese müde machende Kombination mit frischem Zitronensaft und etwas frischem Parmesankäse, um die Nebennierenaktivität anzuregen.

Zucchini Kartoffel Kabeljau

Geeignete Zusammensetzung des Gemüse-Getreide-Fisch-Breis:

- 100 g Gemüse (z.B. Karotte, Pastinake, Fenchel, Tomate)
- 40 g gegarte Vollkornnudeln oder gegarten Vollkornreis
- 30 – 35 g Wasser mit etwas frischen Zitronensaft
- 20 - 30 g frisch gegarter Fisch (Lachs, Hering, Makrele, Sardine, Heilbutt, Kabeljau, Rogen etc.)
- 5 – 10 g Butter oder Öl
- ½ Prise Meersalz

Der Gemüseanteil kann aus verschiedenen Gemüsen zusammengesetzt werden. Wenn Vollkornreis verwendet wird, benötigt man einen leistungsstarken Pürierstab, wenn das Kind den Brei noch nicht mit kleinen Stückchen mag. Anstelle des Vollgetreides in Form von Körnern lassen sich auch Getreideflocken für Säuglinge verwenden. Anstelle der Vollkornnudeln oder des Vollkornreises werden dann 10 g Vollkorngetreideflocken (Dinkel, Weizen, Mehrkorn) oder Schmelzflocken aus Hafer für Säuglinge verwendet.

Im Meer der Fischsiegel: Nachhaltigkeit und Wildfang

- Möchte man sich sicher sein, dass man einen Wildfangfisch im Einkaufswagen hat, bei dem die Fischereibetriebe sich verpflichtet haben, die Meere nachhaltig zu befischen, kann man sich an den folgenden Fisch-Güte-Siegeln orientieren:
- MSC – Wildfisch-Siegel: Marine Stewardship Council (MSC)-Siegel ist das weit verbreitetste Fischsiegel, das ausschließlich auf Produkten des Wildfangs zu finden ist.
- Naturland Wildfisch
- Friend of the Sea" (FOS) Wildfisch und Aquakulturen

WAS ZU BEACHTEN IST, WENN MAN SEIN KIND VEGETARISCH ERNÄHREN MÖCHTE

In einigen Familien ist es sehr wichtig, sich vegetarisch zu ernähren. Meist sind es Familien, die sehr auf eine gesunde und ökologisch vertretbare Ernährung achten. Bei der Wahl der Nahrungsmittel für die Beikost wird daher nach einer Alternative zu Fleisch und evtl. auch zu Fisch gesucht. Diese gibt es auch in Form eines mit Getreide angereicherten Breis. Wichtig dabei ist jedoch, dass man nicht gänzlich auf tierische Produkte verzichtet, wie es bei veganer oder auch bei makrobiotischer Ernährungsform praktiziert wird. **Ohne zusätzliche Gaben von Nahrungsergänzungsmitteln dürfen heranwachsende Kinder nicht rein pflanzlich, vegan, ernährt werden.** Der entstehende Organismus benötigt – insbesondere für die Ausbildung kognitiver Fähigkeiten – für die Gehirnentwicklung – und auch für die Sehstärkenentwicklung eine ausreichende Nährstoffversorgung in Bezug auf Vitamin B12, Eisen und Zink sowie die vornehmlich mit Fisch und ein wenig mit Ei aufzunehmenden essentiellen Omega-3-Fettsäuren EPA und DHA. Auch die essentielle Aminosäure Tryptophan, die besonders gut aus Fleisch junger Tiere und auch mit der Muttermilch aufgenommen werden kann und im menschlichen Körper für den Aufbau von Bindegewebe, Knochen und anderen Körperstrukturen benötigt wird, sowie für die Produktion von Serotonin (Glückkeitshormon) und Melatonin (Schlafhormon) als Ausgangsstoff dient, kann bei vegetarisch ernährten Kindern zu wenig in der Nahrung vertreten sein.

Studien zeigen, dass vegetarisch und insbesondere vegan ernährte Kinder weniger Gewicht aufweisen und weniger groß sind als Kinder ihrer Altersgruppe, die Mischköstler sind. Natürlich gibt es auch sehr viele Familien, die zwar Mischköstler sind, aber dennoch es nicht schaffen, sich ausgewogen zu ernähren. Im Gegenteil: Vegetarier ernähren sich meist deutlich bewusster und ausgewogener als der durchschnittliche Mischköstler.

Geeignete Zusammensetzung des Gemüse-Kartoffel-Getreide-Breis bei vegetarisch ernährten Kindern

- 100 g Gemüse (z.B. Pastinake, Karotte, Fenchel, Zucchini, Blumenkohl, Broccoli)
- 40 g Kartoffeln
- 30 – 35 g Wasser mit etwas frischen Zitronensaft
- 10 g Vollkorngetreideflocken (Weizen, Dinkel, Mehrkorn, Hafer, Hirse, Polenta)
- 5 – 10 g Butter
- ½ Prise Meersalz

Bei einer Beikosteinführung mit vegetarischen Lebensmitteln muss einiges beachtet werden, damit der junge Organismus sich gut entwickeln kann. Es reicht nicht aus, einfach nur Gemüse- und Getreidekost zu füttern. Gerade bei Baby-led-weaning-Befürwortern ist eine ausgewogene Lebensmittelzusammenstellung selten zu beobachten, da gerne nur weich gekochtes Gemüse, Kartoffel, Brot und Nudeln gereicht werden. Wichtig ist, Milch und Milchprodukte tierischer Herkunft (keine Soja- oder Getreidemilch) sowie Eier mit in den Speiseplan des heranwachsenden Kindes von Beginn an mit aufzunehmen. Auch eine verlängerte Stillphase parallel zur Breieinführung ist ratsam.

Vegetarische Ernährung bei Säuglingen:

- Eine vegetarische Ernährung bei Säuglingen, die auch Milch- und Eiprodukte einschließt, ist möglich, erfordert jedoch eine sorgfältige Lebensmittelauswahl und Zubereitungsweise.
- Der Beikostfahrplan gilt auch bei vegetarisch ernährten Kindern; begonnen wird mit einem herzhaften Gemüse-Kartoffel-Getreide-Brei (anstelle des Gemüse-Kartoffel-Fleisch-Breis), der milchfrei und einen etwas höheren Anteil an Vitamin C haben sollte, damit das in Getreide gebundene Eisen vom Kind aufgenommen werden kann (s. Rezept). Die nachfolgenden Beikostphasen werden beibehalten.
- Zur Ergänzung des Gemüse-Getreide-Breis ist ab dem 8.Lebensmonat die Beimengung eines halben bis ganzen Hühnereis einmal wöchentlich im Mittagsbrei sinnvoll.
- Einige Familien schließen in der Ernährung nur Fleisch aus; Fisch hingegen ist möglich, sodass in der ersten Breiphase verschiedene Kartoffel-Gemüse-Getreide-Breie ergänzt werden mit ein- bis zweimaligem wöchentlichen Konsum eines Gemüse-Kartoffel-Fisch-Breis bzw. Gemüse-Getreide-Fisch-Breis.
- **Eine rein pflanzliche, vegane Ernährung bei Säuglingen ist abzulehnen. Wenn das Kind dennoch vegan ernährt werden soll, muss mit dem Kinderarzt zusammen ein Plan für spezielle Nährstoffsupplementierung ausgearbeitet werden, um irreversible Entwicklungsstörungen abzuwenden.**

Wenn das Kind in der Wachstumskurve eine Tendenz zu den niedrigeren Perzentilen aufweist oder es auch sehr häufig unter Erkältungen und Infekten, Schlappheit, Unzufriedenheit leidet und die „ich-will-Stärke“ beim Erkunden seines Umfeldes nicht zeigt, stattdessen eher zu Blässe und Passivität neigt, ist es sinnvoll, die Blutwerte des vegetarisch ernährten Kindes untersuchen zu lassen, damit keine marginalen Eisen- und Vitamin B12-Mängel und entsprechende Entwicklungseinbußen entstehen. Besonders die zweit- und drittgeborenen Kinder weisen häufiger Unterversorgungen an Vitamin B12 und Eisen auf als die Erstgeborenen, da die Reserven der Mutter mit der ersten Schwangerschaft in diesen Fällen dann schon aufgebraucht wurden. Natürlich kann man diese Defizite mit Hilfe einer guten, ausgewogenen und auch vegetarischen Ernährung ausgleichen, aber nicht alle bekommen das hin. Vitamin B12-Supplementierung bei vegan ernährten Frauen in der Schwangerschaft ist ein Muss, bei vegetarisch Ernährten ist es sehr zu empfehlen. Denn wenn erst einmal eine geistige Beeinträchtigung entstanden ist, lässt sich diese nicht einfach so ausgleichen durch nachträgliches Zuführen der zuvor fehlenden Substanzen.

2. PHASE: EINFÜHRUNG EINES MILCH-GETREIDE-BREIS AM NACHMITTAG ODER AM ABEND ODER EINES GEMÜSE-GETREIDE-BREIS AM ABEND

Beginn: 6. bis 8. Lebensmonat

Die Einführung des zweiten Breis, der nun eine weitere Milchmahlzeit ersetzt, sollte ungefähr einen Monat nach dem Einführen des ersten Breis stattfinden- und zwar unabhängig vom Alter des Kindes. Meistens beginnt die zweite Phase zwischen dem 6. und 8. Lebensmonat. In der zweiten Phase wird Getreide eingeführt. Am besten geeignet sind hierfür Hafer, Dinkel, Weizen, Hirse, Reis, Mais (Polenta). Polentabrei ist reich an Tyrosin, eine Aminosäure, die die Funktion der Nebennieren unterstützt. Gerade bei Säuglingen ist die Nebennierenfunktion noch nicht ganz ausgereift. Polentabrei verhilft zum Schlafen bei Säuglingen, die besonders müde aber dennoch unruhig, quengelig wirken. Häufig sind diese Kinder vom Kreislauf her zu schwach, um längere Phasen durchzuschlafen. Mit einem abendlichen Polenta-Pfirsich-Brei kommen sie wunderbar zur Ruhe und zu einem erholsamen Schlaf.

Bei der Milch ist es erlaubt – evtl. nach Rücksprache mit dem Kinderarzt – sogar normale, pasteurisierte Kuhmilch zu verwenden, die mindestens einen Fettgehalt von 3,5 % hat. Es darf keine H-Milch sein. Der Brei kann natürlich auch mit abgepump-

Hafer Milch Bananen

Geeignete Zusammensetzung des Getreide-Milch-Breis:

- 200 ml Milch
- 20 g Getreidevollkornflocken (Hafer, Dinkel, Weizen, Hirse)
- 20 ml püriertes Obst (Banane, Blaubeere, Kirschen, Pfirsich)
- 3 Tropfen frischen Zitronen- oder Orangensaft
- ½ Prise Meersalz

ter Muttermilch, die frisch sein sollte und nicht aus dem Kühlschrank oder als „Reserve" aus der Tiefkühlung kommen darf, zubereitet werden. Industrielle Säuglingsmilch kann ebenfalls verwendet werden. Der Getreide-Milch-Brei sollte immer einen Zusatz von natürlichem Vitamin C in Form von frischem Obst und Zitrone enthalten. Natürliches Vitamin C verbessert die Bioverfügbarkeit des Eisens aus Vollkorngetreide erheblich. **Besonders reich an Eisen sind Hafer und Hirse.** Hafer eignet sich sehr gut bei infektanfälligen Kindern aufgrund seiner hohen Bioverfügbarkeit von Vitamin B5 (Pantothensäure) und Zink. **Vitamin B5 steigert die Wärmeentwicklung im Körper und Zink stimuliert das Immunsystem.** Hirse sollte man nicht zu oft pro Woche füttern, da recht hohe Werte an Threonin enthalten sind. Threonin ist eine Aminosäure, die garstig und zornig machen kann und zudem **Neurodermitis** oder auch **Schuppenflechte** im negativen Sinne unterstützt.

In den meisten Ratgebern zur Einführung der Beikost wird empfohlen, den Milch-Getreidebrei am Abend zu füttern, so auch die Empfehlung des Forschungsinstitut für Kinderernährung Dortmund e.V. und die der Ernährungskommission der Deutschen Gesellschaft für Kinderheilkunde und

Jugendmedizin. Tönnies konnte bei vielen Säuglingen jedoch beobachten, dass ein Milchbrei am Abend einige Kinder vom Einschlafen abhält. Wenn der Säugling am Abend noch sehr unruhig ist und nicht zur Ruhe kommen mag, kann das an einer abendlichen Überversorgung mit Kalzium und Eiweiß aus dem Milchanteil liegen. Daher ist seine Empfehlung, den Milchbrei schon am Nachmittag zu füttern und den Abend selbst dann mit Stillen zu beenden oder mit gewohnter Säuglingsmilch. **Zur besseren Regeneration und zum besseren Schlafen ist bei einigen Kindern zusätzlich sogar ein wenig frischer, selbst gemachter Gurkensaft am Abend zu empfehlen.** In Gurke ist Magnesium besonders reichlich enthalten und gut bioverfügbar. Mit dem Gurkensaft finden viele Kinder schneller in den Schlaf, da Magnesium müde macht.

Zur Herstellung von **Gurkensaft** wird ein kleines Stück gewaschene und geschälte Gurke (ca. 50 g) in den Entsafter gegeben. Der daraus entstehende Saft kann mit ein paar Krümelchen Meersalz (weniger als eine halbe Mini-Prise) verfeinert werden. Teelöffelweise oder mit einer Saugerflasche kann dem Säugling der Gurkensaft gegeben werden.

Wenn der Säugling unter Verstopfung leidet, ist ein abendlicher Melonen-Snack genau das Richtige als zusätzliche Mini-Mahlzeit zum gewöhnlichen Abendessen. Honigmelone ist reich an Silizium, welches den Stuhlgang breiig hält.

Zur Herstellung des **Melonen-Snacks** püriert man ein wenig gelbe Honigmelone ohne Schale (ca. 50 g) mit einem Pürierstab oder Mixer und gibt eine kleine Mini-Prise Salz hinzu. Teelöffelweise oder mit einer Brei-Saugerflasche kann dem Säugling der Melonen-Snack gegeben werden.

Als Abendmahlzeit kann auch ein Gemüse-Getreide-Brei gefüttert werden, bei dem der Säugling ausreichend Kohlenhydrate aus dem Getreide und ausreichend Magnesium aus dem Gemüse aufnimmt. Hierfür eignen sich gegarter Broc-

Melonenmus

Gurkensaft

Gliamelone Reis

coli, Gurke, Fenchel und Kohlrabi sowie rohe Bio-Avocado. Zur Verwertung von Getreide wird im Körper eine ausreichende Menge an Niacin benötigt, einem B-Vitamin (B3). Fenchel und frische Zucht-Champignons mit noch geschlossenen Köpfchen sowie auch Bio-Avocados sind reich an Niacin und sollten daher immer wieder einmal als Gemüse dem Getreide-Brei beigemengt werden. **Die Kombination Getreide und grünes Gemüse zusammen mit ausreichend Fett in Form von Öl oder Butter fördert die Regeneration und den erholsamen Schlaf.** Wenn das Kind besser mit dem Gemüse-Getreide-Brei zur Ruhe kommt und man sich für diese Variante für die Abendmahlzeit entscheiden sollte, muss darauf geachtet werden, dass das Kind dennoch ausreichend Kalzium erhält. Eine Möglichkeit dazu besteht, indem man ein wenig frischen Parmesan über den fertigen Gemüse-Getreide-Brei reibt. Kinder, die schon 9 bis 11 Monate alt sind, können im Verlaufe des Vormittags durchaus an einem Stück frischem Parmesankäse nuckeln und es mit ihren ersten Zähnen zerkleinern. Bei Durchschlafstörungen **während des Zahnens** hilft ebenfalls etwas Parmesankäse am Abend. Einige ältere Säuglinge (ab 9. LM) schlafen besonders gut, wenn sie zusätzlich noch ein wenig Rührei dazu bekommen.

Geeignete Zusammensetzung des Gemüse-Getreide-Breis für die Abendmahlzeit:

- 90 – 100 g Gemüse (Broccoli, Gurke, Kohlrabi, Fenchel, Pastinake)
- 20 – 25 g Getreideflocken (Reis, Dinkel, Weizen, Mais, etc.)
- 100 ml Wasser mit etwas frischen Zitronen- oder Orangensaft
- 8 – 10 g Öl oder Butter
- ½ Prise Meersalz oder 1 TL frisch geriebenen Parmesankäse

3. PHASE:
EINFÜHRUNG EINES GETREIDE-OBST-BREIS AM NACHMITTAG

Beginn: 7. bis 9. Lebensmonat

Das Einführen einer zusätzlichen, dritten Beikost-Mahlzeit in Form von Obst am Nachmittag findet wieder einen Monat nach dem Einführen des Abendbreis statt. Bei den meisten Säuglingen ist dies etwa zwischen dem 7. und 9. Lebensmonat der Fall. Häufig ist zu beobachten, dass in der dritten Phase gerne als Zwischendurch-Snack am Nachmittag Früchtejoghurt, Früchtequark oder Pudding verabreicht wird, wovon die meistens mit viel Zucker und künstlichen Aromen versehen sind.

Besser ist es, wenn man auf diese Desserts verzichtet und stattdessen einen selbst hergestellten Getreide-Obst-Brei als Zwischenmahlzeit am Nachmittag dem Säugling verabreicht.

Geeignete Früchte: gemuste Banane (reich an Kalium und Vorstufe zu Serotonin), pürierte Kirschen (reich an Cobalt), passierte Brombeeren (reich an Vit. C und Mangan), passierte Himbeeren (reich an Vit. C und Kupfer), gemuste Heidelbeeren (reich an Vit. C und Mangan), weiche gelbe Honigmelone (reich an Silizium), gemuster Pfirsich (reich an Vit. B2, auch der aus der Dose), gemuste Aprikose (reich an Eisen und Vitamin B2, auch die aus der Dose) .

Für eine bessere Eisenaufnahme aus dem Getreide ist auf Milch bzw. auf Joghurt und Quark als Beimengung im Getreide-Obst-Brei zu verzichten. **Als Fettbeimengung eignen sich Butter und Sahne. Ab dem 10. Lebensmonat kann man ab und zu auch eingeweichten Zwieback, Cornflakes oder normale Haferflocken zur Zubereitung des Getreide-Obst-Breis verwenden.**

Sicherlich stößt bei vielen Eltern die **Beimengung von ein wenig Salz** in einen Früchtebrei auf Unverständnis und vielleicht auch auf Ablehnung. Der Grund ist jedoch folgender: Obst ist reich an Kalium, sodass eine reine Zufuhr an Kalium über die Früchte den noch sehr empfindlichen Natrium-Kalium-Haushalt in den Zellen stören kann. Die Nebennieren sind bei einem Säugling noch nicht ausgereift, sodass ein Ausgleich noch nicht 100%ig von statten gehen kann. Durch Beimengen von ein wenig Natrium in Form von Salz (NaCl) muss der Körper des Kindes den Überschuss an Kalium nicht über die

Geeignete Zusammensetzung des Getreide-Obst-Breis:

- 90 ml Wasser
- 20 g Vollkorngetreideflocken (Hafer, Hirse, Reis, etc.) oder Polenta
- 100 ml püriertes Obst (z.B. Banane, Blaubeere, Kirschen, Pfirsich)
- ½ TL frischen Zitronen- oder Orangensaft
- 2 EL frische Sahne oder 5 g Butter
- 1 Prise Meersalz

Hafer Kirsch

Schleimhäute ausscheiden. Zu sehen ist dieser Vorgang bei Kindern, die mehr Kalium zu sich nehmen als sie benötigen, durch eine ständig laufende Nase bzw. durch Fließschnupfen, obwohl sie gar nicht erkältet sind. Andere Kinder reagieren auf zu viel Kalium mit Bauchkneifen. Wir Erwachsenen kennen das Gefühl vielleicht noch aus unserer Kindheit, wenn man zu viele Kirschen oder Pflaumen direkt vom Baum genascht hat und sich kurz danach mit starken Bauchschmerzen abplagen musste. Salzstangen halfen einem dann wieder aus der Bredouille. Gekaufter Obstbrei für Säuglinge ist übrigens ebenfalls mit ein wenig Salz angereichert. In einem reinen Birne-Apfel-Gläschen sind pro 100 g Fruchtpüree 0,05 g Salz und zusätzlich 0,02 g Natrium (entspricht 0,05 g NaCl/Salz) beigemengt, sodass insgesamt ein Salzgehalt von 0,1 g enthalten ist pro 100 g bzw. 0,2 g Salz bei 200 g Brei. Zum Vergleich: eine Messerspitze Salz wiegt ca. 0,25 g.

In einigen Fällen scheint auch das Vollkorngetreide zu Verdauungsschwierigkeiten zu führen. Tönnies hat für diese Fälle einen Trunk, der mit gekochter Stärke bzw. mit Reisschleim hergestellt wird, empfohlen. Da beide Rezepturen mit Wasser hergestellt werden, eignen sie sich nicht als vollständige Mahlzeit. Sie sind weder ausreichend im Bereich Energieversorgung noch sind sie reich an Vitaminen, Mineralien und Spurenelementen. Da industriell hergestellte Säuglingsmilch den Säugling jedoch eher mit zu hohen Dosen an Nährstoffen (Vitamine etc.) und über den reellen Bedarf versorgt, kann ein entsprechend niedrig dosierter Trunk das Überangebot an Nährstoffen minimieren. Ein solcher, nährstoffarmer Trunk darf daher nur ab und zu gefüttert werden und nicht zum Standartessen werden.

Geeignete Zusammensetzung des Maisstärke-Obst-Trunks nach H. Tönnies:

- 200 ml Wasser
- 1 EL Maisstärke (z.B. Maizena)
- 40 ml püriertes Obst z.B. Banane, Blaubeere, Kirschen, Pfirsich
- ½ TL frischen Zitronen- oder Orangensaft
- 2 EL frische Sahne
- ½ Prise Meersalz

Ein Maisstärke-Obst-Trunk ist ernährungsphysiologisch nicht gleichzusetzen mit einer vollständigen Getreidebreimahlzeit. Er ist nur als Ergänzung gedacht und auch kein Ersatz für Säuglingsfertigmilch oder Muttermilch.

Geeignete Zusammensetzung des Reisschleim-Obst-Trunks nach H. Tönnies:

- 200 ml Wasser
- 30 g zarte Reisflocken
- 20 ml püriertes Obst z.B. Banane, Blaubeere, Kirschen, Pfirsich
- ½ TL frischen Zitronen- oder Orangensaft
- 2 EL frische Sahne
- ½ Prise Meersalz

Ein Reisschleim-Obst-Brei ist ernährungsphysiologisch nicht gleichzusetzen mit einer vollständigen Getreidebreimahlzeit. Er ist nur als Ergänzung gedacht und auch kein Ersatz für Säuglingsfertigmilch oder Muttermilch.

REZEPTE

Bitte achten Sie bei der Wahl der Lebensmittel darauf, dass sie frisch sind und aus biologisch-dynamischer Landwirtschaft stammen, auch wenn es nicht expliziert bei den einzelnen Rezepten aufgeführt wird.

In der Zutatenliste der Rezepte sind jeweils die Grammzahlen für eine Brei-Mahlzeit pro Kind aufgeführt. Gerade bei den Mengenangaben von Fleisch und Fisch in Höhe von 20 bis 30 g ist es nicht leicht, diese geringen Mengen einzukaufen und zu zubereiten. Da für die meisten gekochten Breie Nahrungsmittel verwendet werden, die auch für Geschwisterkinder und für Erwachsene gesund und schmackhaft sind, lohnt es sich, die aufgeführten Zutaten in größerer Menge für das Zubereiten des Familienessens zu verwenden. Nach dem Garen werden dann die entsprechenden Mengen der einzelnen Zutaten abgenommen und unter Beimengung von Vitamin-C-reichem Saft, etwas Wasser und evtl. etwas Fett zu Babybrei verarbeitet. Das Familienessen kann nun in gewohnter Weise gewürzt und verfeinert werden. Auf diese Art und Weise können alle

Familienmitglieder gleichzeitig an der Mahlzeit teilnehmen und man hat nicht ständig Reste von der Breiherstellung übrig. Das selbständige Herstellen von Breimahlzeiten ist somit mit sehr wenig Aufwand zu bewerkstelligen. Als Grund für eine Befürwortung des Baby-led-weaning-Konzeptes (s.S. 8-10) ist sicherlich auch der geringe Aufwand zu nennen, den die Eltern bei der selbstbestimmten Nahrungseinführung mit Stückchennahrung haben, wenn die Stückchen vom Familienessen stammen. In diesem Fall werden jedoch die einzelnen Komponenten wie auch Fleisch und Fisch püriert, sodass das Kind sie in ausreichender Menge gut schlucken kann.

Eine andere Methode, den Babybrei selbst herzustellen ist die „Ein-Topf-Methode“, bei der alle zu garenden Zutaten für den Brei zusammen in einen Topf gegeben werden. Anschließend kann die Kost mit dem frischen Zitronen- bzw. Obst-Saft und Öl oder Sahne und etwas Wasser mit einem Pürierstab zu Brei verarbeitet werden.

In anderen Ratgebern liest man häufig von der Möglichkeit, gleich **mehrere Portionen von einem Brei vorab zu kochen und ihn dann portionsweise einzufrieren. Davon würde ich jedoch abraten,** da die Nährstoffe und auch die Nahrungsstruktur darunter leiden und damit die Bekömmlichkeit und Darmgesundheit beeinträchtigt werden können.

In Abhängigkeit von dem Wetter ist zudem die Fett-Zugabe von Butter, Öl oder Sahne unterschiedlich: An sehr sonnenreichen Tagen eignet sich mittags Butter oder Sahne und abends Öl (z.B. Rapsöl, Walnussöl). An feucht-kalten Tagen wird dazu geraten, vermehrt Butter oder Sahne beizumengen und nur seltener Öl.

Die aufgeführten Rezepte sind nur Beispiele für die verschiedenen Breisorten zu den einzelnen Mahlzeiten. Gerne dürfen die einzelnen Zutaten, wie z.B. verschiedene Gemüse, variiert werden, je nach Bekömmlichkeit und Appetit.

Zwei gute Zubereitungsarten zur Breiherstellung:

„Ein-Topf-Methode“

Die zu garenden Zutaten, wie Kartoffel, Gemüse, Fleisch und Fisch, werden zusammen in einen Topf gegeben und gegart. Anschließend werden Vitamin C-reicher Saft, etwas Wasser und Fett bzw. Öl und evtl. eine Mini-Prise Salz hinzugegeben und mit einem Pürierstab zu Brei verarbeitet.

Anteile vom Familienessen zur Breiherstellung verwenden

Bei der Zubereitung des Familienessens werden Zutaten verwendet, die sich zur Beikostherstellung eignen, wie Pellkartoffel, Gemüse, Fleisch und Fisch. Vor dem Würzen werden entsprechende Anteile in ein Gefäß gegeben und zusammen mit Vitamin C-reichem Saft, etwas Wasser. Öl und evtl. einer Mini-Prise Salz und mit einem Pürierstab zu Brei verarbeitet.

MITTAGSMAHLZEITEN

BREI AUS GEMÜSE, KARTOFFEL UND FLEISCH

Broccoli-Kartoffel-Hähnchen-Brei

Für 1 Mahlzeit ab 5. LM

Zutaten:

- 90 – 100 g Broccoli
- 40 – 60 g Kartoffeln (mehlig kochend)
- 30 – 35 g Wasser
- 2 TL frischen Zitronen- oder Orangensaft
- 20 – 30 g Hähnchenschenkel
- 8 – 10 g Öl oder Butter oder Bio-Schmalz
- ½ Prise Meersalz
- Etwas Fett (Butterschmalz oder Öl) zum Anbraten für den Hähnchenschenkel

Zubereitung:

Hähnchenschenkel in Butterschmalz in einer Pfanne von beiden Seiten anbraten und dann mit geschlossenem Deckel bei mittlerer Hitze je nach Größe für 30 bis 35 Minuten garen. Kartoffel separat als Pellkartoffel in Wasser garen und anschließend pellen. Broccoli gut waschen und in kleine mundgerechte Stückchen schneiden. Öl, Butter oder Schmalz in einer weiteren Pfanne erhitzen. Das Fett darf nur so heiß gemacht werden, dass es noch nicht anfängt zu „rauchen“. Gemüsestückchen und etwas Wasser hineingeben und bei geschlossenem Deckel und mittlerer Temperatur für ca. fünf Minuten garen. Danach ohne weitere Hitzezufuhr bei geschlossenem Deckel noch ein wenig ruhen lassen. Gegarte Kartoffel klein schneiden. Etwas Hähnchenfleisch (20 bis 30 g) vom Schenkel abnehmen, ebenfalls klein schneiden und zusammen mit den Kartoffelstückchen, dem Broccoli und den restlichen Zutaten in ein hohes Gefäß geben. Alles zusammen mit einem leistungsstarken Pürierstab zu Brei verarbeiten. Temperiert füttern.

Tipp: Hähnchenschenkel enthält Tryptophan, eine Aminosäure, die gut für das Wachstum ist, zufrieden macht und für einen guten Schlaf sorgt.

Rote Bete-Kartoffel-Beefsteak-Brei

Für 1 Mahlzeit ab 7. LM

Zutaten:

- 100 – 120 g Kartoffeln (mehlig kochend)
- 2 EL Rote Betemost (Reformhaus)
- 40 g Wasser
- 2 TL frischen Zitronen- oder Orangensaft
- 20 – 30 g Beefsteakhack
- 8 – 10 g Öl oder Butter
- ½ Prise Meersalz
- Etwas Fett (Butterschmalz oder Öl) zum Anbraten für das Fleisch

Zubereitung:

Kartoffel separat als Pellkartoffel in Wasser garen und anschließend pellen. Beefsteakhack mit ein wenig Öl oder Butterschmalz in einer Pfanne bei mittlerer Temperatur kurz anbraten und dann mit geschlossenem Deckel bei geringer Hitze je nach Menge (als Familienessen oder nur für den Brei) für 3 bis 10 Minuten garen. Gegarte Kartoffel klein schneiden. Etwas Beefsteakhack (20 bis 30 g) zusammen mit den Kartoffelstückchen, dem Rote Betemost und den restlichen Zutaten in ein hohes Gefäß geben und alles zusammen mit einem leistungsstarken Pürierstab zu Brei verarbeiten. Temperiert füttern.

Tipp: Beefsteakhack (Rindfleisch) enthält recht viel Eisen, welches das Kind nach einer ausgiebigen Stillphase benötigt. Rote Betemost ist reich an Kupfer, welches im Darm die Aufnahme von Eisen verbessert. Kupfer hilft zusätzlich auch gegen Gneis/Grind und Milchschorf, und es macht die Haut weich. Kartoffel ist reich an Niacin und Vitamin C. Es ist möglich, dass die Rote Bete den Urin des Kindes leicht rot färbt.

Karotte-Kartoffel-Kalbs-Brei

Für 1 Mahlzeit ab 5. LM

Zutaten:

- 90 – 100 g Karotte
- 40 – 60 g Kartoffeln (mehlig kochend)
- 30 – 35 g Wasser
- 2 TL frischen Zitronen- oder Orangensaft
- 20 – 30 g Kalbsschnitzel
- 8 – 10 g Öl oder Butter oder Bio-Schmalz
- ½ Prise Meersalz
- Etwas Fett (Butterschmalz oder Öl) zum Anbraten für das Kalbfleisch

Zubereitung:
Kartoffel separat als Pellkartoffel in Wasser garen und anschließend pellen. Karotte waschen, schälen und in kleine mundgerechte Scheiben schneiden. Öl, Butter oder Schmalz in einer weiteren Pfanne erhitzen. Das Fett darf nur so heiß gemacht werden, dass es noch nicht anfängt zu „rauchen". Gemüsestückchen und etwas Wasser (10 ml) hineingeben und bei geschlossenem Deckel und mittlerer Temperatur für ca. 8 Minuten garen. Danach ohne weitere Hitzezufuhr bei geschlossenem Deckel noch ein wenig ruhen lassen. Kalbfleisch in Butterschmalz in einer Pfanne von beiden Seiten kurz anbraten und dann mit geschlossenem Deckel bei geringer Hitze je nach Dicke für 5 bis 10 Minuten garen. Gegarte Kartoffel klein schneiden. Etwas Kalbfleisch (20 bis 30 g) in kleine Würfel schneiden und zusammen mit den Kartoffelstückchen, der Karotte und den restlichen Zutaten in ein hohes Gefäß geben und alles zusammen mit einem leistungsstarken Pürierstab zu Brei verarbeiten. Temperiert füttern.

Tipp: Kalbfleisch enthält Tryptophan, eine Aminosäure, die gut für das Wachstum ist und für einen guten Schlaf sorgt.
Bei Chrom-Überempfindlichkeit in Form von Neurodermitis oder Allergiebereitschaft kann Karotte durch Pastinake, Blumenkohl oder durch Kohlrabi ersetzt werden.

Zucchini-Kartoffel-Lamm-Brei

Für 1 Mahlzeit ab 5. LM

Zutaten:

- 90 – 100 g Zucchini
- 40 – 60 g Kartoffeln (mehlig kochend)
- 30 – 35 g Wasser
- 2 TL frischen Zitronen- oder Orangensaft
- 20 – 30 g Lammfilet
- 8 – 10 g Öl oder Butter oder Bio-Schmalz
- ½ Prise Meersalz
- Etwas Fett (Butterschmalz oder Öl) zum Anbraten für das Lammfleisch

Zubereitung:

Kartoffel separat als Pellkartoffel in Wasser garen und anschließend pellen. Zucchini waschen und in kleine mundgerechte Stückchen schneiden. Öl, Butter oder Schmalz in einer Pfanne erhitzen. Das Fett darf nur so heiß gemacht werden, dass es noch nicht anfängt zu „rauchen". Gemüsestückchen und etwas Wasser (10ml) hineingeben und bei geschlossenem Deckel und mittlerer Temperatur für ca. 6 Minuten garen. Danach ohne weitere Hitzezufuhr bei geschlossenem Deckel noch ein wenig ruhen lassen. Lammfilet in Butterschmalz oder Öl in einer Pfanne von allen Seiten kurz anbraten und dann mit geschlossenem Deckel bei geringer Hitze je nach Größe für 8 bis 15 Minuten garen. Gegarte Kartoffel klein schneiden. Etwas Lammfleisch (20 bis 30 g) in kleine Würfel schneiden und zusammen mit den Kartoffelstückchen, der Zucchini und den restlichen Zutaten in ein hohes Gefäß geben. Alles zusammen mit einem leistungsstarken Pürierstab zu Brei verarbeiten. Temperiert füttern.

Tipp: Lammfleisch enthält recht viel Eisen, welches das Kind nach einer ausgiebigen Stillphase benötigt. Zucchini ist reich an Zink und unterstütz die Nebennierenfunktion. Kartoffel ist reich an Niacin und Vitamin C.

BREI AUS GEMÜSE, KARTOFFEL UND FISCH

Zucchini-Kartoffel-Kabeljau-Brei

Für 1 Mahlzeit ab 7. LM

Zutaten:

- 90 – 100 g Zucchini
- 40 – 60 g Kartoffeln (mehlig kochend)
- 30 – 35 g Wasser
- 2 TL frischen Zitronen- oder Orangensaft
- 20 – 30 g frisches Kabeljaufilet
- 8 – 10 g Öl oder Butter oder Bio-Schmalz
- ½ Prise Meersalz

Zubereitung:

Kartoffel separat als Pellkartoffel in Wasser garen und anschließend pellen. Zucchini waschen und in kleine mundgerechte Stückchen schneiden. Öl oder Butterschmalz in einer Pfanne erhitzen. Das Fett darf nur so heiß gemacht werden, dass es noch nicht anfängt zu „rauchen". Gemüsestückchen und etwas Wasser (10 ml) hineingeben und bei geschlossenem Deckel und mittlerer Temperatur für ca. 6 Minuten garen. Danach ohne weitere Hitzezufuhr bei geschlossenem Deckel noch ein wenig ruhen lassen. Fischfilet in kochend heißes Wasser (fünffache Menge in Bezug zum Fisch) legen, mit einem Deckel verschließen und ohne weitere Hitzezufuhr je nach Größe für 8 bis 15 Minuten garziehen lassen. Gegarte Kartoffel klein schneiden. Etwas Fischfilet (20 bis 30 g) in kleine Stückchen teilen und zusammen mit den Kartoffelstückchen, der Zucchini und den restlichen Zutaten in ein hohes Gefäß geben und alles mit einem leistungsstarken Pürierstab zu Brei verarbeiten. Temperiert füttern.

Tipp: Kabeljau enthält recht viel Lysin, eine Aminosäure, die das tiefe Einatmen erleichtert und bei Heuschnupfen die Symthome lindert. Zucchini ist reich an Zink und unterstütz die Nebennierenfunktion. Kartoffel ist reich an Niacin und Vitamin C.

Kartoffel-Gurke-Lachs-Brei
Für 1 Mahlzeit ab 7. LM

Zutaten:

- 120 g Kartoffel (mehlig kochend)
- 30 g Gurke
- 30 – 35 g Wasser
- 2 TL frischen Zitronen- oder Orangensaft
- 20 – 30 g frisches Lachsfilet
- 8 – 10 g Öl oder Butter
- ½ Prise Meersalz

Zubereitung:
Kartoffel separat als Pellkartoffel in Wasser garen und anschließend pellen. Gurke waschen, schälen und in kleine mundgerechte Stückchen schneiden. Öl oder Butter in einer Pfanne erhitzen. Das Fett darf nur so heiß gemacht werden, dass es noch nicht anfängt zu „rauchen". Gemüsestückchen hineingeben und bei geschlossenem Deckel und mittlerer Temperatur für ca. 6 Minuten garen. Danach ohne weitere Hitzezufuhr bei geschlossenem Deckel noch ein wenig ruhen lassen. Fischfilet in kochend heißes Wasser (fünffache Menge in Bezug zum Fisch) legen, mit einem Deckel verschließen und ohne weitere Hitzezufuhr je nach Größe für 4 bis 15 Minuten garziehen lassen. Gegarte Kartoffel klein schneiden. Etwas Fischfilet (20 bis 30 g) in kleine Stückchen teilen und zusammen mit den Kartoffelstückchen, der Gurke und den restlichen Zutaten in ein hohes Gefäß geben und alles mit einem leistungsstarken Pürierstab zu Brei verarbeiten. Temperiert füttern.

Tipp: Lachs enthält essentielle Fettsäuren, die besonders gut für die Gehirnentwicklung sind. Je orangefarbener das Lachsfleisch jedoch ist, umso mehr Chrom enthält es. Neurodermitiker und Allergiker sollten daher eher Zuchtlachs als Wildlachs verwenden oder sogar frische, nicht geräucherte Makrele anstelle von Lachs essen. Kartoffel ist reich an Niacin und Vitamin C. Gurke ist reich an Magnesium, ein Mineralstoff, der entspannt und müde machen kann. Wenn Sie das Gefühl haben, dass Ihr Kind nun so müde ist, dass es nicht mehr in den Schlaf finden kann, reiben Sie nächstes Mal ein wenig frischen Parmesankäse (5-10 g) über den Brei. Das Kalzium aus dem Parmesankäse verschafft Abhilfe.
Gurke kann auch gegen ein anderes, zinkreiches Gemüse ausgetauscht werden, wie z.B. Blumenkohl oder Zucchini.

Karotte-Kartoffel-Jakobsmuschel-Brei

Für 1 Mahlzeit ab 9. LM

Zutaten:

- 90 – 100 g Kartoffeln (mehlig kochend)
- 40 g Karotte
- 30 – 35 g Wasser
- 2 TL frischen Zitronen- oder Orangensaft
- 20 – 30 g frisches Jakobsmuschelfleisch
- 8 – 10 g Öl oder Butter oder Bio-Schmalz
- ½ Prise Meersalz
- Etwas Fett (Butterschmalz oder Öl) zum Anbraten für die Jakobsmuschel

Zubereitung:

Kartoffel separat als Pellkartoffel in Wasser garen und anschließend pellen. Karotte waschen, schälen und in kleine mundgerechte Stückchen schneiden. Öl oder Butterschmalz in einer Pfanne erhitzen. Das Fett darf nur so heiß gemacht werden, dass es noch nicht anfängt zu „rauchen". Gemüsestückchen und etwas Wasser (10ml) hineingeben und bei geschlossenem Deckel und mittlerer Temperatur für ca. 8 Minuten garen. Danach ohne weitere Hitzezufuhr bei geschlossenem Deckel noch ein wenig ruhen lassen. Jakobsmuschelfleisch in einer separaten Pfanne mit etwas Fett von beiden Seiten anbraten und anschließend bei schwacher Hitze für weitere 8 Minuten garen. Anschließend etwas ruhen lassen. Das Jakobsmuschelfleisch kann auch mit der Karotte zusammen in einer Pfanne gegart werden. Gegarte Kartoffel klein schneiden. Etwas Jakobsmuschelfleisch (20 bis 30 g) in kleine Stückchen teilen und zusammen mit den Kartoffelstückchen, der Karotte und den restlichen Zutaten in ein hohes Gefäß geben und alles mit einem leistungsstarken Pürierstab zu Brei verarbeiten. Temperiert füttern.

Tipp: Jakobsmuschelfleisch enthält recht viel Eisen. Kartoffel ist reich an Niacin und Vitamin C. Bei Neurodermitis oder Allergiebereitschaft kann Karotte ausgetauscht werden gegen ein Gemüse, das weniger Chromreich ist, wie z.B. Pastinake oder Fenchel.

Pastinake-Kartoffel-Rogen-Brei

Für 1 Mahlzeit ab 9. LM

Zutaten:

- 90 – 100 g Kartoffeln (mehlig kochend)
- 40 g Pastinake
- etwas Olivenöl
- 30 – 35 g Wasser
- 2 TL frischen Zitronen- oder Orangensaft
- 20 – 30 g gegarter Rogen (Dorsch, Hering, etc.als Dosenware oder vom Fischhändler als Frischware)
- 8 – 10 g Walnussöl oder Sahne
- ½ Prise Meersalz (falls der Rogen noch nicht gesalzen ist)
- Evtl. etwas Butter zum Garen des frischen Rogens

Zubereitung:
Gesäuberte Kartoffel und Pastinake schälen und in kleine mundgerechte Stückchen schneiden. Etwas Olivenöl in einer Pfanne erhitzen. Das Fett darf nur so heiß gemacht werden, dass es noch nicht anfängt zu „rauchen". Gemüse- und Kartoffelstückchen und etwas Wasser (10 ml) hineingeben und bei geschlossenem Deckel und mittlerer Temperatur für ca. 8 Minuten garen. Danach ohne weitere Hitzezufuhr bei geschlossenem Deckel noch ein wenig ruhen lassen. Frischen Rogen vom Fischhändler in etwas Butter bei mittlerer Hitze kurz anbraten und gar ziehen lassen. Den gegarten Rogen in kleine Stückchen teilen und zusammen mit den Kartoffel und Pastinakenstückchen und den restlichen Zutaten in ein hohes Gefäß geben und alles mit einem leistungsstarken Pürierstab zu Brei verarbeiten. Temperiert füttern.

Tipp: Rogen/Fischeier von Hering oder Dorsch enthalten reichlich Vitamin E, Omega-3-Fettsäuren EPA und DHA sowie Vitamin B1 und B2, die Aminosäuren Lysin (gegen Heuschnupfen) und Arginin, Threonin, Valin, Tyrosin und etwas Tryptophan – eine perfekte Ergänzung zu einer vegetarischen Kost, um mögliche Nährstoffmängel durch pflanzliche Kost auszugleichen.

BREI AUS GEMÜSE, KARTOFFEL UND GETREIDE
BEI VEGETARISCH ERNÄHRTEN KINDERN

Brei aus Kartoffel, Tomate, Broccoli und Hirse
Für 1 Mahlzeit ab 5. LM

Zutaten:
- 80 g Kartoffeln (mehlig kochend)
- 50 g Broccoli
- 20 g Tomate (ohne Schale)
- 10 g Hirseflocken (Instant-)
- 30 – 35 g Wasser
- 1 TL frischen Zitronen- oder Orangensaft
- 8 – 10 g Öl oder Butter
- ½ Prise Meersalz

Zubereitung:
Kartoffel waschen, schälen und in sehr feine Stückchen schneiden. Broccoli gut waschen und in kleine mundgerechte Stückchen schneiden. Tomate waschen, vierteln und die Schale entfernen. Oliven- oder Rapsöl oder Butter in einem Topf erhitzen. Das Fett darf nur so heiß gemacht werden, dass es noch nicht anfängt zu „rauchen". Gemüse- und Kartoffelstückchen und etwas Wasser hineingeben und bei geschlossenem Deckel und mittlerer Temperatur für ca. 5-8 Minuten garen. Danach ohne weitere Hitzezufuhr bei geschlossenem Deckel noch ein wenig ruhen lassen. Kartoffel Broccoli und Tomate zusammen mit dem Wasser (etwas erhitzt), Instant-Hirseflocken, Saft, etwas Öl oder Butter und Salz in ein hohes Gefäß geben und alles zusammen mit einem leistungsstarken Pürierstab zu Brei verarbeiten.
Temperiert füttern.

Brei aus Kartoffel, Fenchel, Tomate und Vollkornnudeln

Für 1 Mahlzeit ab 5. LM

Zutaten:

- 80 g Kartoffel
- 60 g Fenchel
- 20 g Tomate
- 40 g gegarte Vollkornnudeln
- 30 – 35 g Wasser
- 1 TL frischen Zitronen- oder Orangensaft
- 8 – 10 g Öl oder Butter
- ½ Prise Meersalz

Zubereitung:

Kartoffel waschen, schälen und in sehr feine Stückchen schneiden. Fenchel waschen, äußere Blätter entfernen und dann in sehr feine Streifen schneiden. Tomate waschen, vierteln und die Schale entfernen. Öl oder Butter in einem Topf erhitzen.

Das Fett darf nur so heiß gemacht werden, dass es noch nicht anfängt zu „rauchen". Kartoffel-, Fenchel- und Tomatenstückchen hineingeben. Eventuell etwas Wasser hinzugeben und bei geschlossenem Deckel und mittlerer Temperatur für ca. 8-10 Minuten garen. Danach ohne weitere Hitzezufuhr bei geschlossenem Deckel noch ein wenig ruhen lassen. Kartoffel Fenchel und Tomate zusammen mit dem Wasser (etwas erhitzt), den vorgegarten Vollkornnudeln, Saft, etwas Öl oder Butter und Salz in ein hohes Gefäß geben und alles zusammen mit einem leistungsstarken Pürierstab zu Brei verarbeiten.
Temperiert füttern.

Brei aus Kartoffel, Karotte und Hafer

Für 1 Mahlzeit ab 5. LM

Zutaten

- 60 g Kartoffeln (mehlig kochend)
- 80 g Karotte
- 10 g Haferflocken (Instant-)
- 30 – 35 g Wasser
- 1 TL frischen Zitronen- oder Orangensaft
- 8 – 10 g Butter oder Öl
- ½ Prise Meersalz

Zubereitung:

Kartoffel und Karotte waschen, schälen und in sehr feine Stückchen schneiden. Butter oder etwas Rapsöl in einem Topf erhitzen.
Das Fett darf nur so heiß gemacht werden, dass es noch nicht anfängt zu „rauchen". Karotten- und Kartoffelstückchen und etwas Wasser hineingeben und bei geschlossenem Deckel und mittlerer Temperatur für ca. 8 Minuten garen. Danach ohne weitere Hitzezufuhr bei geschlossenem Deckel noch ein wenig ruhen lassen. Kartoffel und Karotte zusammen mit dem Wasser (etwas erhitzt), Instant-Haferflocken, Saft, etwas Walnussöl oder Butter und Salz in ein hohes Gefäß geben und alles zusammen mit einem leistungsstarken Pürierstab zu Brei verarbeiten.
Temperiert füttern.

Brei mit Kartoffel, Erbsen und Mehrkorngetreide

Für 1 Mahlzeit ab 7. LM

Zutaten

- 80 g Kartoffeln (mehlig kochend)
- 60 g (TK-)Erbsen oder frische
- 20 g Mehrkornflocken (Instant-)
- 60 – 70 g Wasser
- 1 TL frischen Zitronen- oder Orangensaft
- 8 – 10 g Öl oder Butter
- ½ Prise Meersalz

Zubereitung:

Kartoffel waschen, schälen und in sehr feine Stückchen schneiden. TK-Erbsen oder frisch aus der Schote geholte Erbsen zusammen mit den Kartoffelstückchen und dem Rapsöl oder Butter in einem Topf erhitzen.

Das Fett darf nur so heiß gemacht werden, dass es noch nicht anfängt zu „rauchen“. Eventuell etwas Wasser hinzugeben und bei geschlossenem Deckel und mittlerer Temperatur für ca. 8-10 Minuten garen. Danach ohne weitere Hitzezufuhr bei geschlossenem Deckel noch ein wenig ruhen lassen. Kartoffel und Erbsen zusammen mit dem Wasser (etwas erhitzt), Instant-Mehrkornflocken, Saft, etwas Öl oder Butter und Salz in ein hohes Gefäß geben und alles zusammen mit einem leistungsstarken Pürierstab zu Brei verarbeiten.

Temperiert füttern.

BREI AUS GEMÜSE, KARTOFFEL UND HÜLSENFRÜCHTEN

Brei aus Kartoffel, Pastinake und Linsen

Für 1 Mahlzeit ab 9. LM

Zutaten

- 60 g Kartoffeln (mehlig kochend)
- 40 g gegarte Linsen
- 40 g Pastinake
- 60 – 70 g Wasser
- 1 TL frischen Zitronen- oder Orangensaft
- 8 – 10 g Butter, evtl. Sahne
- ½ Prise Meersalz

Zubereitung:

Mindestens 4 Stunden vor der Zubereitung des Breis müssen die Linsen (Paradina-. Teller-, gelbe oder Bulgurlinsen) in vierfacher Menge Wasser eingeweicht werden. Nach dem Einweichen werden sie für 6 bis 8 Minuten im Einweichwasser gegart. Kartoffel und Pastinake waschen, schälen und in sehr feine Stückchen schneiden. Kartoffel- und Pastinakenstückchen mit etwas Butter in einem Topf erhitzen. Das Fett darf nur so heiß gemacht werden, dass es noch nicht anfängt zu „rauchen". Eventuell etwas Wasser hinzugeben und bei geschlossenem Deckel und mittlerer Temperatur für ca. 8-10 Minuten garen. Danach ohne weitere Hitzezufuhr bei geschlossenem Deckel noch ein wenig ruhen lassen. Kartoffel und Pastinake und die gegarten Linsen zusammen mit dem Wasser (etwas erhitzt), dem Saft, etwas Butter oder Sahne und Salz in ein hohes Gefäß geben und alles zusammen mit einem leistungsstarken Pürierstab zu Brei verarbeiten. Temperiert füttern.

Brei aus Kartoffel, Karotte und Kichererbsen

Für 1 Mahlzeit ab 9. LM

Zutaten

- 60 g Kartoffeln (mehlig kochend)
- 40 g gegarte Kichererbsen
- 40 g Karotte
- 60 – 70 g Wasser
- 1 -2 TL frischen Zitronen- oder Orangensaft
- 8 – 10 g Butter, evtl. Sahne
- ½ Prise Meersalz

Zubereitung:

Kartoffel und Karotte waschen, schälen und in sehr feine Stückchen schneiden und mit etwas Butter in einem Topf erhitzen. Das Fett darf nur so heiß gemacht werden, dass es noch nicht anfängt zu „rauchen". Eventuell etwas Wasser hinzugeben und bei geschlossenem Deckel und mittlerer Temperatur für ca. 8-10 Minuten garen. Danach ohne weitere Hitzezufuhr bei geschlossenem Deckel noch ein wenig ruhen lassen. Kartoffel und Karotte und die gegarten Kichererbsen zusammen mit dem Wasser (etwas erhitzt), dem Saft, etwas Butter oder Sahne und Salz in ein hohes Gefäß geben und alles zusammen mit einem leistungsstarken Pürierstab zu Brei verarbeiten. Temperiert füttern.

Gut zu wissen

Hülsenfrüchte, wie Linsen und Kichererbsen, benötigen Butterfett, damit sie bekömmlich werden. Hülsenfrüchte haben einen hohen Anteil an der Aminosäure Arginin, welche gerade Kinder mit Neurodermitis benötigen. Durch die Säuerung der Hülsenfrüchte in Form von Saft, wird die darin ebenfalls gut enthaltene Pantothensäure zerstört. Im Sommer kann das sehr angenehm sein, da der Brei dann nicht wärmend wirkt. Sofern aber eine Erkältung oder Neurodermitis am Bauch vorhanden sind, kann auch auf den Saft verzichtet werden. An die Verdauung von Hülsenfrüchten muss sich die Darmflora immer erst gewöhnen, sodass man zunächst mit sehr kleinen Portionen beginnen sollte.

Brei aus Kartoffel, Linsen und Banane

Für 1 Mahlzeit ab 9. LM

Zutaten

- 80 g Kartoffeln (mehlig kochend)
- 40 g gegarte Linsen
- 60 g frische Banane
- 60 – 70 g Wasser
- 1 TL frischen Zitronen- oder Orangensaft
- 8 – 10 g Butter, evtl. Sahne
- ½ Prise Meersalz

Zubereitung:

Mindestens 4 bis 6 Stunden vor der Zubereitung des Breis müssen die Linsen (Paradina-. Teller-, gelbe oder Bulgurlinsen) in dreifacher Menge Wasser eingeweicht werden. Nach dem Einweichen werden sie für 6 bis 8 Minuten im Einweichwasser gegart. Kartoffel waschen, schälen und in sehr feine Stückchen schneiden. Kartoffelstückchen mit etwas Butter in einem Topf erhitzen.

Das Fett darf nur so heiß gemacht werden, dass es noch nicht anfängt zu „rauchen". Eventuell etwas Wasser hinzugeben und bei geschlossenem Deckel und mittlerer Temperatur für ca. 8-10 Minuten garen. Danach ohne weitere Hitzezufuhr bei geschlossenem Deckel noch ein wenig ruhen lassen. Kartoffel und die gegarten Linsen zusammen mit der Banane (in Stückchen), dem Wasser, dem Saft, etwas Butter oder Sahne und Salz in ein hohes Gefäß geben und alles zusammen mit einem leistungsstarken Pürierstab zu Brei verarbeiten.
Temperiert füttern.

BREI AUS GEMÜSE, GETREIDE UND EI

Brei aus Kartoffel, Karotte, Weizen und Ei

Für 1 Mahlzeit ab 7. LM

Zutaten:

- 40 g Kartoffeln (mehlig kochend)
- 80 g Karotte
- 60 – 75 g Wasser
- 10 g Weizenflocken (Instant-)
- ½ fest gekochtes Ei
- 1 TL frischen Zitronen- oder Orangensaft
- 8 – 10 g Öl oder Butter
- ½ Prise Meersalz

Zubereitung:

Karotte und Kartoffel waschen, schälen und in feine Stückchen schneiden. Öl oder Butter in einem Topf erhitzen. Das Fett darf nur so heiß gemacht werden, dass es noch nicht anfängt zu „rauchen". Karotten- und Kartoffelstückchen und etwas Wasser hineingeben und bei geschlossenem Deckel und mittlerer Temperatur für ca. 5 bis 8 Minuten garen.

Danach ohne weitere Hitzezufuhr bei geschlossenem Deckel noch ein wenig ruhen lassen. Zu dem Kartoffel-Karotten-Gemüse, die Weizenflocken und etwas heißes Wasser und das halbe Ei (vorgegart) zusammen mit dem Saft, etwas Öl oder Butter und Salz hinzufügen und zügig mit einem leistungsstarken Pürierstab zu einem Brei verarbeiten. Temperiert füttern.

Brei aus Kartoffel, Broccoli und Ei

Für 1 Mahlzeit ab 7. LM

Zutaten:

- 40 g Kartoffeln (mehlig kochend)
- 100 g Broccoli
- 50 – 60 g Wasser
- ½ fest gekochtes Ei
- 2 TL frischen Zitronen- oder Orangensaft
- 8 – 10 g Öl oder Butter
- ½ Prise Meersalz

Zubereitung:

Kartoffel waschen, schälen und in feine Stückchen schneiden. Broccoli waschen und in mundgerechte Stückchen teilen. Öl oder Butter in einem Topf erhitzen. Das Fett darf nur so heiß gemacht werden, dass es noch nicht anfängt zu „rauchen". Broccoli- und Kartoffelstückchen und etwas Wasser hineingeben und bei geschlossenem Deckel und mittlerer Temperatur für ca. 5 bis 8 Minuten garen.

Danach ohne weitere Hitzezufuhr bei geschlossenem Deckel noch ein wenig ruhen lassen. Zu dem Kartoffel-Broccoli-Gemüse das halbe Ei (vorgegart) zusammen mit dem Saft, etwas Öl oder Butter evtl. noch etwas Wasser und Salz hinzugeben und zügig mit einem leistungsstarken Pürierstab zu einem Brei verarbeiten. Temperiert füttern.

BREI AUS GEMÜSE UND KARTOFFEL

WENN ES AB UND ZU OHNE TIERISCHES EIWEISS SEIN SOLL

Brei aus Kartoffel und Broccoli

Für 1 Mahlzeit ab 5. LM

Zutaten

- 100 g Broccoli
- 60 g Kartoffeln (mehlig kochend)
- 30 – 35 g Wasser
- 1 TL frischen Zitronen- oder Orangensaft
- 8 – 10 g Öl oder Butter oder Bio-Schmalz
- ½ Prise Meersalz

Zubereitung

Kartoffel separat als Pellkartoffel garen und anschließend pellen. Broccoli gut waschen und in kleine mundgerechte Stückchen schneiden. Sonnenblumenkernöl, Butter oder Schmalz in einer Pfanne erhitzen. Das Fett darf nur so heiß gemacht werden, dass es noch nicht anfängt zu „rauchen". Gemüsestückchen und etwas Wasser hineingeben und bei geschlossenem Deckel und mittlerer Temperatur für ca. fünf Minuten garen. Danach ohne weitere Hitzezufuhr bei geschlossenem Deckel noch ein wenig ruhen lassen. Gegarte Kartoffel klein schneiden und zusammen mit dem Wasser (evtl. etwas erwärmt), Saft und Salz in ein hohes Gefäß geben. Broccoli hinzugeben und alles zusammen mit einem leistungsstarken Pürierstab zu Brei verarbeiten. Temperiert füttern.

Brei aus Kartoffel und Pastinake

Für 1 Mahlzeit ab 5. LM

Zutaten

- 100 g Pastinake
- 60 g Kartoffeln (mehlig kochend)
- 30 – 35 g Wasser
- 1 TL frischen Zitronen- oder Orangensaft
- 8 – 10 g Öl oder Butter oder Bio-Schmalz
- ½ Prise Meersalz

Zubereitung:

Kartoffel separat als Pellkartoffel garen und anschließend pellen. Pastinake gut waschen, schälen und in kleine mundgerechte Stückchen schneiden. Öl, Butter oder Bio-Schmalz in einer Pfanne erhitzen. Das Fett darf nur so heiß gemacht werden, dass es noch nicht anfängt zu „rauchen". Gemüsestückchen und etwas Wasser hineingeben und bei geschlossenem Deckel und mittlerer Temperatur für ca. 7 Minuten garen. Danach ohne weitere Hitzezufuhr bei geschlossenem Deckel noch ein wenig ruhen lassen.

Gegarte Kartoffel klein schneiden und zusammen mit dem Wasser (evtl. etwas erwärmt), Saft und Salz in ein hohes Gefäß geben. Pastinake hinzugeben und alles zusammen mit einem leistungsstarken Pürierstab zu Brei verarbeiten. Temperiert füttern.

Brei aus Kartoffel und Zucchini

Für 1 Mahlzeit ab 5. LM

Zutaten

- 100 g Zucchini
- 60 g Kartoffeln (mehlig kochend)
- 30 – 35 g Wasser
- 1 TL frischen Zitronen- oder Orangensaft
- 8 – 10 g Öl oder Butter oder Bio-Schmalz
- ½ Prise Meersalz

Zubereitung:

Kartoffel separat als Pellkartoffel garen und anschließend pellen oder rohe Kartoffel schälen und in sehr kleine Stückchen schneiden, um sie zusammen mit der Zucchini zu garen. Hierzu wird die Zucchini gut gewaschen und in kleine mundgerechte Stückchen geschnitten. Olivenöl oder Rapsöl, Butter oder Bio-Schmalz in einer Pfanne erhitzen.

Das Fett darf nur so heiß gemacht werden, dass es noch nicht anfängt zu „rauchen". Gemüsestückchen und etwas Wasser hineingeben und bei geschlossenem Deckel und mittlerer Temperatur für ca. 5 Minuten garen. Danach ohne weitere Hitzezufuhr bei geschlossenem Deckel noch ein wenig ruhen lassen. Gegarte Kartoffel klein schneiden und zusammen mit dem Wasser (evtl. etwas erwärmt), Saft, Salz und ein TL Öl oder Butter oder Schmalz in ein hohes Gefäß geben. Zucchini hinzugeben und alles zusammen mit einem leistungsstarken Pürierstab zu Brei verarbeiten. Temperiert füttern.

Brei aus Kartoffel und Blumenkohl

Für 1 Mahlzeit ab 5. LM

Zutaten:

- 100 g Blumenkohl
- 60 g Kartoffeln (mehlig kochend)
- 30 – 35 g Wasser
- 1 TL frischen Zitronen- oder Orangensaft
- 8 – 10 g Öl oder Butter oder Bio-Schmalz
- ½ Prise Meersalz

Zubereitung:

Kartoffel separat als Pellkartoffel garen und anschließend pellen. Blumenkohl gut waschen und in kleine mundgerechte Stückchen schneiden. Öl, Butter oder Bio-Schmalz in einer Pfanne erhitzen. Das Fett darf nur so heiß gemacht werden, dass es noch nicht anfängt zu „rauchen". Gemüsestückchen und etwas Wasser hineingeben und bei geschlossenem Deckel und mittlerer Temperatur für ca. 7 Minuten garen. Danach ohne weitere Hitzezufuhr bei geschlossenem Deckel noch ein wenig ruhen lassen.

Gegarte Kartoffel klein schneiden und zusammen mit dem Wasser (evtl. etwas erwärmt), Saft und Salz in ein hohes Gefäß geben. Blumenkohl hinzugeben und alles zusammen mit einem leistungsstarken Pürierstab zu Brei verarbeiten. Temperiert füttern.

Brei aus Kartoffel und Karotte

Für 1 Mahlzeit ab 5. LM

Zutaten:

- 100 g Karotten
- 60 g Kartoffeln (mehlig kochend)
- 30 – 35 g Wasser
- 1 TL frischen Zitronen- oder Orangensaft
- 8 – 10 g Öl oder Butter oder Bio-Schmalz
- ½ Prise Meersalz

Zubereitung:

Kartoffel separat als Pellkartoffel garen und anschließend pellen. Karotten gut waschen, schälen und in kleine mundgerechte Stückchen schneiden. Öl oder Butter oder Bio-Schweineschmalz in einer Pfanne erhitzen. Das Fett darf nur so heiß gemacht werden, dass es noch nicht anfängt zu „rauchen". Gemüsestückchen und etwas Wasser hineingeben und bei geschlossenem Deckel und mittlerer Temperatur für ca. 7 Minuten garen. Danach ohne weitere Hitzezufuhr bei geschlossenem Deckel noch ein wenig ruhen lassen. Gegarte Kartoffel klein schneiden und zusammen mit dem Wasser (evtl. etwas erwärmt), Saft und Salz in ein hohes Gefäß geben. Karotten hinzugeben und alles zusammen mit einem leistungsstarken Pürierstab zu Brei verarbeiten. Temperiert füttern.

Tipp: Wenn aufgrund einer bestehenden Allergiebereitschaft oder aufgrund von Neurodermitis auf Chrom verzichtet werden sollte, ist Karottenbrei nicht zu empfehlen.

Das Carotin aus den Karotten kann zu Vitamin A im Körper umgewandelt werden. Dieser Brei ist daher besonders günstig an Sommertagen, jedoch weniger günstig an kalten Wintertagen mit Erkältungsgefahr.

Brei aus Kartoffel und Kohlrabi

Für 1 Mahlzeit ab 5. LM

Zutaten:

- 100 g Kohlrabi
- 60 g Kartoffeln (mehlig kochend)
- 30 – 35 g Wasser
- 1 TL frischen Zitronen- oder Orangensaft
- 8 – 10 g Öl oder Butter oder Bio-Schmalz
- ½ Prise Meersalz

Zubereitung:

Kartoffel separat als Pellkartoffel garen und anschließend pellen. Kohlrabi schälen und in kleine mundgerechte Stückchen schneiden. Öl, Butter oder Bio-Schmalz in einer Pfanne erhitzen. Das Fett darf nur so heiß gemacht werden, dass es noch nicht anfängt zu „rauchen". Gemüsestückchen und etwas Wasser hineingeben und bei geschlossenem Deckel und mittlerer Temperatur für ca. 7 Minuten garen.

Danach ohne weitere Hitzezufuhr bei geschlossenem Deckel noch ein wenig ruhen lassen.

Gegarte Kartoffel klein schneiden und zusammen mit dem Wasser (evtl. etwas erwärmt), Saft und Salz in ein hohes Gefäß geben. Kohlrabi hinzugeben und alles zusammen mit einem leistungsstarken Pürierstab zu Brei verarbeiten.

Temperiert füttern.

Brei aus Kartoffel und Kürbis (Hokkaidokürbis)

Für 1 Mahlzeit ab 5. LM

Zutaten:

- 100 g Hokkaidokürbis
- 60 g Kartoffeln (mehlig kochend)
- 30 – 35 g Wasser
- 1 TL frischen Zitronen- oder Orangensaft
- 8 – 10 g Öl oder Butter oder Bio-Schmalz
- ½ Prise Meersalz

Zubereitung:

Kartoffel separat als Pellkartoffel garen und anschließend pellen. Den Kürbis waschen und in kleine mundgerechte Stückchen schneiden. Öl oder Butterschmalz in einer Pfanne erhitzen. Das Fett darf nur so heiß gemacht werden, dass es noch nicht anfängt zu „rauchen". Kürbisstückchen und etwas Wasser hineingeben und bei geschlossenem Deckel und mittlerer Temperatur für ca. 7 Minuten garen. Danach ohne weitere Hitzezufuhr bei geschlossenem Deckel noch ein wenig ruhen lassen. Gegarte Kartoffel klein schneiden und zusammen mit dem Wasser (evtl. etwas erwärmt), Saft und Salz in ein hohes Gefäß geben. Hokkaidokürbis hinzugeben und alles zusammen mit einem leistungsstarken Pürierstab zu Brei verarbeiten. Temperiert füttern.

Tipp: Wenn aufgrund einer bestehenden Allergiebereitschaft oder aufgrund von Neurodermitis auf Chrom verzichtet werden sollte, ist Hokkaidokürbisbrei nicht zu empfehlen.

Carotin aus Hokkaidokürbis kann zu Vitamin A im Körper umgewandelt werden.

Dieser Brei ist daher besonders günstig an Sommertagen, jedoch weniger günstig an kalten Wintertagen mit Erkältungsgefahr.

Brei aus Kartoffel und Roter Bete

Für 1 Mahlzeit ab 7. LM

Zutaten:

- 100 g Kartoffeln (mehlig kochend)
- 2 EL Rote Betemost (Reformhaus)
- 70 ml Wasser
- 1 TL frischen Zitronensaft oder Orangensaft
- 10 g Butter oder Öl
- 1 Pr Meersalz

Zubereitung:

Kartoffel separat als Pellkartoffel garen und anschließend pellen und in kleine Stückchen schneiden. Die restlichen Zutaten beimengen und alles pürieren. Den Babybrei temperiert füttern.

Tipp: Rote Bete enthält bioverfügbares Kupfer, welches gut gegen Grind/Gneis oder auch Milchschorf hilft. Kupfer sorgt auch für weiche Haut. Achtung: Rote Bete kann recht hohe Nitratwerte aufweisen, sodass dieser Brei nicht lange warm gehalten werden sollte und auch nicht lange gelagert und erneut erhitzt werden darf. Kartoffeln enthalten recht viel Niacin, ein B-Vitamin, welches müde macht und die Aktivität der Nebennieren dämpfen kann.
Es ist möglich, dass die Rote Bete den Urin des Kindes leicht rot färbt.

Brei aus Kartoffel und jungen Erbsen

Für 1 Mahlzeit ab 8. LM

Zutaten:

- 100 g junge Erbsen (frisch oder TK-Ware)
- 60 g Kartoffeln (mehlig kochend)
- 30 – 35 g Wasser
- 1 TL frischen Zitronen- oder Orangensaft
- 8 – 10 g Öl oder Butter oder Bio-Schmalz
- ½ Prise Meersalz

Zubereitung:

Kartoffel separat als Pellkartoffel garen und anschließend pellen. Erbsen aus den Schoten holen oder TK-Erbsen in ein wenig Wasser einmal aufkochen lassen.
Gegarte Kartoffel klein schneiden und zusammen mit den Erbsen, dem Wasser (evtl. etwas erwärmt), Saft und Salz in ein hohes Gefäß geben und alles zusammen mit einem leistungsstarken Pürierstab zu Brei verarbeiten. Temperiert füttern.

Brei aus Kartoffel und Wirsing

Für 1 Mahlzeit ab 8. LM

Zutaten:

- 100 g Wirsing
- 100 g Kartoffeln (mehlig kochend)
- 30 – 35 g Wasser
- 1 TL frischen Zitronen- oder Orangensaft
- 10 g Butter oder Bio-Schmalz
- ½ Prise Meersalz

Zubereitung:

Kartoffel separat als Pellkartoffel garen und anschließend pellen. Wirsingblätter ablösen und gut waschen. Anschließend in feine Streifen schneiden. Butter oder Schmalz in einer Pfanne erhitzen. Das Fett darf nur so heiß gemacht werden, dass es noch nicht anfängt zu "rauchen". Gemüsestückchen und etwas Wasser hineingeben und bei geschlossenem Deckel und mittlerer Temperatur für ca. 5 Minuten garen. Danach ohne weitere Hitzezufuhr bei geschlossenem Deckel noch ein wenig ruhen lassen. Gegarte Kartoffel klein schneiden und zusammen mit dem Wirsing, dem Wasser (evtl. etwas erwärmt), Saft und Salz in ein hohes Gefäß geben und alles zusammen mit einem leistungsstarken Pürierstab zu Brei verarbeiten. Temperiert füttern.

Tipp: Wirsing ist ein Wintergemüse, das reich an Folsäure, Vitamin C und Vitamin K ist.

Brei aus Kartoffel und frischem Grünkohl

Für 1 Mahlzeit ab 8. LM

Zutaten:

- 60 g Grünkohl
- 120 g Kartoffeln (mehlig kochend)
- 30 – 35 g Wasser
- 1 TL frischen Zitronen- oder Orangensaft
- 10 g Butter oder Bio-Schmalz
- ½ Prise Meersalz

Zubereitung:

Kartoffel separat als Pellkartoffel garen und anschließend pellen. Grünkohlblätter ablösen und gut waschen. Anschließend in sehr feine Streifen schneiden. Butter oder Schmalz in einer Pfanne erhitzen. Das Fett darf nur so heiß gemacht werden, dass es noch nicht anfängt zu „rauchen". Kohlblätter und etwas Wasser hineingeben und bei geschlossenem Deckel und mittlerer Temperatur für ca. 18 Minuten garen. Danach ohne weitere Hitzezufuhr bei geschlossenem Deckel noch ein wenig ruhen lassen.
Gegarte Kartoffel klein schneiden und zusammen mit dem Grünkohl, dem Wasser (evtl. etwas erwärmt), Saft, Salz in ein hohes Gefäß geben und alles zusammen mit einem leistungsstarken Pürierstab zu Brei verarbeiten. Temperiert füttern.

ABENDMAHLZEITEN
BREI AUS GETREIDE, MILCH UND EIN WENIG OBST

Dinkel-Milch-Birnen-Brei
Für 1 Mahlzeit ab 6. LM möglich

Zutaten:
- 200 ml Milch (Vollmilch 3,5 bis 3,8 % oder Säuglingsmilch)
- 20 g Dinkel-Getreidebreiflocken für Säuglinge
- 20 g Birne
- 3 Tropfen frischen Zitronen- oder Orangensaft
- ½ Prise Meersalz

Zubereitung:
Pasteurisierte Milch erhitzen und auf ca. 50°C abkühlen lassen. Dinkel-Getreidebreiflocken für Säuglinge einrühren und ausquellen lassen. Frische reife Birne sehr gut waschen, schälen und in Stückchen schneiden und mit ein wenig Wasser einmal aufkochen lassen. Birne zum Getreidebrei hinzufügen und zusammen mit den restlichen Zutaten pürieren. Temperiert füttern.

Tipp: Birne enthält neben Vitamin B2 auch Chrom, sodass Neurodermitiker und allergiegefährdete Kinder nicht zu oft mit Birne gefüttert werden sollten.

Hafer-Milch-Kirsch-Brei
Für 1 Mahlzeit ab 6. LM möglich

Zutaten:
- 200 ml Milch (Vollmilch 3,5 bis 3,8 % oder Säuglingsmilch)
- 20 g Hafer-Schmelzflocken für Säuglinge
- 20 g Kirschen aus dem Glas oder TK-Ware
- 3 Tropfen frischen Zitronen- oder Orangensaft
- ½ Prise Meersalz

Zubereitung:
Pasteurisierte Milch erhitzen und auf ca. 50°C abkühlen lassen. Hafer-Schmelzflocken für Säuglinge einrühren und ausquellen lassen. Kirschen aus dem Glas (ohne Stein) hinzufügen und zusammen mit den restlichen Zutaten pürieren. Sofern TK-Ware oder frische Kirschen verwendet werden, müssen diese zuvor einmal aufgekocht werden. Temperiert füttern.

Tipp: Hafer enthält recht gute Zink- und Vitamin B5-Werte. Beide Nährstoffe unterstützen die Immunabwehr und sorgen für Heilung bei entzündeten Schleimhäuten (z.B. Nasenschleimhaut bei Erkältungskrankheiten). Kirschen enthalten viel Kobalt, ein Spurenelement, welches wichtig für den Vitamin B12-Stoffwechsel ist.

Hafer-Milch-Bananen-Brei

Für 1 Mahlzeit ab 6. LM möglich

Zutaten:

- 200 ml Milch (Vollmilch 3,5 bis 3,8 % oder Säuglingsmilch)
- 20 g Hafer-Schmelzflocken für Säuglinge
- 20 g frische Banane
- 6 Tropfen frischen Zitronen- oder Orangensaft
- ½ Prise Meersalz

Zubereitung:

Pasteurisierte Milch erhitzen und auf ca. 50°C abkühlen lassen. Hafer-Schmelzflocken für Säuglinge einrühren und ausquellen lassen. Banane (ohne braune Stellen) in Stückchen hinzufügen und zusammen mit den restlichen Zutaten pürieren. Temperiert füttern.

Tipp: Banane ist reich an Kalium und enthält eine Vorstufe von Serotonin, ein Hormon, welches zufrieden macht.

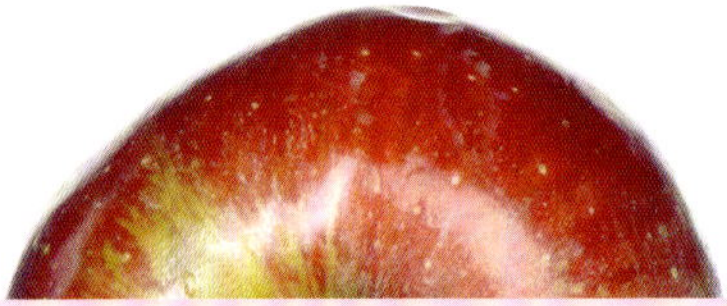

Hirse-Milch-Apfel-Brei

Für 1 Mahlzeit ab 6. LM möglich

Zutaten:

- 200 ml Milch (Vollmilch 3,5 bis 3,8 % oder Säuglingsmilch)
- 20 g Hirse-Getreidebreiflocken für Säuglinge
- 20 g Apfel
- 3 Tropfen frischen Zitronen- oder Orangensaft
- ½ Prise Meersalz

Zubereitung:

Pasteurisierte Milch erhitzen und auf ca. 50°C abkühlen lassen. Hirse-Getreidebreiflocken für Säuglinge einrühren und ausquellen lassen. Apfel waschen, schälen und mit ein wenig Wasser einmal aufkochen lassen. Apfel zum Getreidebrei hinzufügen und zusammen mit den restlichen Zutaten pürieren. Temperiert füttern.

Tipp: Apfel enthält Chrom, sodass Neurodermitiker und allergiegefährdete Kinder nicht zu oft mit Apfel gefüttert werden sollten.

Hirse enthält Threonin, eine Aminosäure, die auch Misslaunigkeit hervorrufen kann. Auch Neurodermitiker reagieren manchmal auf Hirse. Hirse enthält zusätzlich recht viel Eisen, sodass sich dieses Getreide gerade bei vegetarisch ernährten Kindern eignet. Hirse enthält ebenfalls recht viel Silizium, ein Mineral, welches gut gegen Verstopfung hilft.

Maisgrieß-Milch-Pfirsich-Brei

Für 1 Mahlzeit ab 6. LM möglich

Zutaten:

- 200 ml Milch (Vollmilch 3,5 bis 3,8 % oder Säuglingsmilch)
- 20 g Maisgrieß (Polenta)
- 20 g Pfirsich
- 3 Tropfen frischen Zitronen- oder Orangensaft
- ½ Prise Meersalz

Zubereitung:

Pasteurisierte Milch erhitzen und Maisgrieß unterrühren und unter ständigem Rühren für 3 Minuten köcheln lassen. Anschließend verschlossen für 15 Minuten ausquellen lassen. Frischen Pfirsich gut waschen, Schale entfernen und in Stückchen schneiden. Wenn keine frischen Pfirsiche zu bekommen sind, kann auch auf Dosenware zurückgegriffen werden. Pfirsichstückchen zum Grießbrei hinzufügen und zusammen mit den restlichen Zutaten pürieren. Temperiert füttern.

Tipp: Polenta (Maisgrieß) enthält Tyrosin, eine Aminosäure, die die Nebennierenaktivität stärkt. Polenta ist daher besonders gut geeignet für Kinder mit häufigen Infekten.

Weizengrieß-Milch-Blaubeer-Brei

Für 1 Mahlzeit ab 6. LM möglich

Zutaten:

- 200 ml Milch (Vollmilch 3,5 bis 3,8 % oder Säuglingsmilch)
- 20 g Weißengrieß-Getreidebreiflocken für Säuglinge
- 20 g Blaubeeren (TK oder frisch)
- 3 Tropfen frischen Zitronen- oder Orangensaft
- ½ Prise Meersalz

Zubereitung:

Pasteurisierte Milch erhitzen und auf ca. 50°C abkühlen lassen. Weizengrieß-Getreidebreiflocken für Säuglinge einrühren und ausquellen lassen. Frische Blaubeeren sehr gut waschen und mit ein wenig Wasser einmal aufkochen lassen. Wenn keine frischen Blaubeeren zu bekommen sind, kann auch auf TK-Ware zurückgegriffen werden. Blaubeeren zum Grießbrei hinzufügen und zusammen mit den restlichen Zutaten pürieren. Temperiert füttern.

Tipp: Blaubeeren enthalten Mangan, was ausgeglichen und müde macht aber auch die Nebennieren dämpfen kann. Managan wirkt kühlend – auch auf die Haut bei Neurodermitis.

BREI AUS GEMÜSE UND GETREIDE ALS ALTERNATIVE ZUM MILCH-GETREIDE-BREI AM ABEND

Brei aus Broccoli und Weizen

Für 1 Mahlzeit ab 6. LM

Zutaten:

- 100 g Broccoli
- 8 – 10 g Öl oder weiche Butter
- 90 ml Wasser
- 20 g Weizenflocken (für Säuglinge)
- 2 TL frischen Zitronen- oder Orangensaft
- 1 TL Sahne
- ½ Prise Meersalz oder 1 TL frisch geriebenen Parmesankäse

Zubereitung:

Broccoli gut waschen und in kleine Stückchen schneiden. Öl oder Butter in einer Pfanne erhitzen. Das Fett darf nur so heiß gemacht werden, dass es noch nicht anfängt zu „rauchen". Gemüsestückchen und etwas Wasser (10 ml) hineingeben und bei geschlossenem Deckel und mittlerer Temperatur für ca. 5 Minuten garen. Danach ohne weitere Hitzezufuhr bei geschlossenem Deckel noch ein wenig ruhen lassen. Wasser auf 50 °C erhitzen und Getreidefocken einrühren. Gegarten Broccoli hinzufügen und zusammen mit den restlichen Zutaten mit einem leistungsstarken Pürierstab oder Mixer zu Brei verarbeiten. Temperiert füttern.

Tipp: Broccoli ist reich an Magnesium, welches die Regeneration fördert. Broccoli enthält auch Eisen und Folsäure. Beides sind lebenswichtige Nährstoffe, die besonders für die Gehirnentwicklung und die Zellerneuerung benötigt werden. Getreideflocken lassen sich besser verdauen, wenn Sahne oder Butter beigemengt wird. Mit Parmesankäse lässt sich ein möglicher Magnesium-Überschuss aus dem Gemüse gut ausgleichen.

Brei aus Fenchel und Hirse

Für 1 Mahlzeit ab 6. LM

Zutaten:

- 100 g Fenchel
- 8 – 10 g Öl oder weiche Butter
- 90 ml Wasser
- 20 g Hirseflocken (für Säuglinge)
- 2 TL frischen Zitronen- oder Orangensaft
- 1 TL Sahne
- ½ Prise Meersalz oder 1 TL frisch geriebenen Parmesankäse

Zubereitung:

Fenchel gut waschen und in feine Streifen schneiden. Öl oder Butter in einer Pfanne erhitzen. Das Fett darf nur so heiß gemacht werden, dass es noch nicht anfängt zu „rauchen“. Gemüsestückchen und etwas Wasser (10 ml) hineingeben und bei geschlossenem Deckel und mittlerer Temperatur für ca. 6 Minuten garen. Danach ohne weitere Hitzezufuhr bei geschlossenem Deckel noch ein wenig ruhen lassen. Wasser auf 50°C erhitzen und Getreidefocken einrühren. Gegarten Fenchel hinzufügen und zusammen mit den restlichen Zutaten mit einem leistungsstarken Pürierstab oder Mixer zu Brei verarbeiten. Temperiert füttern.

Tipp: Hirse enthält Threonin, eine Aminosäure, die auch Misslaunigkeit hervorrufen kann. Auch Neurodermitiker reagieren manchmal auf Hirse. Hirse enthält zusätzlich recht viel Eisen, sodass sich dieses Getreide gerade bei vegetarisch ernährten Kindern eignet.
Hirse enthält ebenfalls recht viel Silizium, ein Mineral, welches gut gegen Verstopfung hilft. Fenchel wirkt beruhigend.
Wenn das Kind dadurch zu stark gedämpft wird, kann man mit Zitronensaft und Parmesankäse oder auch etwas Salz die Nebennierentätigkeit etwas steigern.

Brei aus Reis und Avocado
Für 1 Mahlzeit ab 7. LM

Zutaten:
- 150 ml Wasser
- 30-35 g Reisflocken (für Säuglinge)
- 2 TL frischen Zitronen- oder Orangensaft
- 50 g Bio-Avocado
- 1 TL Sahne
- ½ Prise Meersalz oder 1 TL frisch geriebenen Parmesankäse

Zubereitung:
Wasser zum Kochen bringen und die Reisflocken einrühren. Die meisten Reisflocken muss man nun einmal aufkochen lassen und dann für einige Minuten ausquellen lassen. Da es sehr unterschiedliche Reisflocken gibt, bitte unbedingt die Zubereitungsart auf der jeweiligen Verpackung beachten.
Avocado halbieren oder schälen und etwas Fruchtfleisch entnehmen. Wenn die Reisflocken auf ca. 55-60°C abgekühlt sind, das Avocadofleisch (ungegart) hinzufügen und zusammen mit den restlichen Zutaten mit einem leistungsstarken Pürierstab oder Mixer zu Brei verarbeiten. Temperiert füttern.

Tipp: Avocado enthält viel Niacin, ein B-Vitamin, welches recht müde machen kann aber auch sehr ausgleichend wirkt und für Wohlbefinden im Magen sorgen kann.

Brei aus Kohlrabi und Dinkel
Für 1 Mahlzeit ab 6. LM

Zutaten:
- 100 g Kohlrabi
- 8 – 10 g Öl oder weiche Butter
- 90 ml Wasser
- 20 g Dinkelflocken (für Säuglinge)
- 2 TL frischen Zitronen- oder Orangensaft
- 1 TL Sahne
- ½ Prise Meersalz oder 1 TL frisch geriebenen Parmesankäse

Zubereitung:
Kohlrabi schälen und in feine Streifen schneiden. Öl oder Butter in einer Pfanne erhitzen. Das Fett darf nur so heiß gemacht werden, dass es noch nicht anfängt zu „rauchen“. Gemüsestückchen und etwas Wasser (10ml) hineingeben und bei geschlossenem Deckel und mittlerer Temperatur für ca. 6 Minuten garen. Danach ohne weitere Hitzezufuhr bei geschlossenem Deckel noch ein wenig ruhen lassen. Wasser auf 50°C erhitzen und Getreidefocken einrühren. Gegarten Kohlrabi hinzufügen und zusammen mit den restlichen Zutaten mit einem leistungsstarken Pürierstab oder Mixer zu Brei verarbeiten. Temperiert füttern.

Tipp: Kohlrabi ist reich an Magnesium, welches die Regeneration fördert.Getreideflocken lassen sich besser verdauen, wenn Sahne oder Butter beigemengt wird. Mit Parmesankäse lässt sich ein möglicher Magnesium-Überschuss („zu müde um einzuschlafen“) aus dem Gemüse gut ausgleichen.

Brei aus Fenchel und Amaranth

Für 1 Mahlzeit ab 13. LM

Zutaten:

- 100 g Fenchel
- 8 – 10 g Öl oder weiche Butter
- 110 ml Wasser
- 25 g Amaranth
- 2 TL frischen Zitronen- oder Orangensaft
- 1 TLSahne
- ½ Prise Meersalz oder 1 TL frisch geriebenen Parmesankäse

Zubereitung:

Amaranth in ein Sieb geben und unter fließendem Wasser säubern bis das Wasser klar bleibt. Anschließend in einem Topf mit Wasser zum Kochen bringen und bei geringer Hitzezufuhr zugedeckt für weitere 12 Minuten köcheln lassen und dann für weitere 12 Minuten ohne Hitzezufuhr ausquellen lassen.

Fenchel gut waschen und in feine Streifen schneiden. Öl oder Butter in einer Pfanne erhitzen. Das Fett darf nur so heiß gemacht werden, dass es noch nicht anfängt zu „rauchen". Gemüsestückchen und etwas Wasser (10 ml) hineingeben und bei geschlossenem Deckel und mittlerer Temperatur für ca. 6 Minuten garen. Danach ohne weitere Hitzezufuhr bei geschlossenem Deckel noch ein wenig ruhen lassen.

Gegarten Fenchel zum Amaranth hinzufügen und zusammen mit den restlichen Zutaten mit einem leistungsstarken Pürierstab oder Mixer zu Brei verarbeiten. Temperiert füttern.

Tipp: Amaranth enthält viel Eisen, Magnesium und Kalzium sowie Lysin. Die Aminosäure Lysin findet man sonst eher nur in ausreichenden Mengen in frischem Fisch und Buttermilch, sodass gerade vegetarisch ernährte Kinder ab dem vollendeten ersten Lebensjahr immer mal wieder Amaranth essen sollten. Fenchel wirkt beruhigend.

Wenn das Kind dadurch zu stark gedämpft wird, kann man mit Zitronensaft und Parmesankäse oder auch mit einer geringen Menge an Salz die Nebennierentätigkeit etwas steigern.

NACHMITTAGSMAHLZEITEN
GETREIDE-OBST-BREI

Hafer-Bananen-Brei
Für 1 Mahlzeit ab 7. LM

Zutaten:
- 90 ml Wasser
- 20 g Hafer-Vollkorngetreideflocken für Säuglinge
- 100 g Banane
- 2 TL frischen Zitronen- oder Orangensaft
- 2 EL frische Sahne oder 5 g weiche Butter
- 1 Mini-Prise Meersalz

Zubereitung:
Wasser erhitzen und auf ca. 50°C abkühlen lassen. Hafer-Schmelzflocken für Säuglinge einrühren und ausquellen lassen. Banane (ohne braune Stellen) in Stückchen hinzufügen und zusammen mit den restlichen Zutaten pürieren. Temperiert füttern.

Tipp: Banane enthält viel Kalium und eine Vorstufe von Serotonin, ein Hormon, welches glücklich und zufrieden macht. Hafer enthält Pantothensäure, ein B-Vitamin, welches den Wärmehaushalt positiv beeinflussen kann. Hafer enthält auch Zink, ein Spurenelement, welches gut für die Immunabwehr ist und stärkend auf die Nebennierenfunktion wirkt.

Hafer-Kirsch-Brei
Für 1 Mahlzeit ab 7. LM

Zutaten:
- 110 ml Wasser
- 25 g Hafer-Vollkorngetreideflocken für Säuglinge
- 80 g Kirschen
- 2 TL frischen Zitronen- oder Orangensaft
- 2 EL frische Sahne oder 5 g weiche Butter
- 1 Mini-Prise Meersalz

Zubereitung:
Wasser erhitzen und auf ca. 50°C abkühlen lassen. Hafer-Schmelzflocken für Säuglinge einrühren und ausquellen lassen. Kirschen aus dem Glas hinzufügen und zusammen mit den restlichen Zutaten pürieren. Temperiert füttern.

Tipp: Kirschen enthalten viel Kobalt, ein Spurenelement, welches wichtig für den Vitamin B12-Stoffwechsel ist. Hafer enthält Pantothensäure, ein B-Vitamin, welches den Wärmehaushalt positiv beeinflussen kann.
Hafer enthält auch Zink, ein Spurenelement, welches gut für die Immunabwehr ist und stärkend auf die Nebennierenfunktion wirkt.

Reis-Melonen-Brei

Für 1 Mahlzeit ab 7. LM

Zutaten:

- 100 ml Wasser
- 20 g Reis-Getreideflocken für Säuglinge
- 80 g Honigmelone
- 2 TL frischen Zitronen- oder Orangensaft
- 2 EL frische Sahne oder 5 g weiche Butter
- 1 Mini-Prise Meersalz

Zubereitung:

Wasser erhitzen und auf ca. 50°C abkühlen lassen. Reisflocken für Säuglinge einrühren und ausquellen lassen. Gelbe Honigmelone ohne Schale in kleine Stückchen schneiden und zum Reisbrei zusammen mit den restlichen Zutaten geben und pürieren. Temperiert füttern.

Tipp: Honigmelone enthält viel Silizium, welches gut gegen Verstopfung wirkt.

Hirse-Aprikosen-Brei
Für 1 Mahlzeit ab 7. LM

Zutaten:
- 100 ml Wasser
- 20 g Hirse-Getreideflocken für Säuglinge
- 80 g Aprikosen
- 2 TL frischen Zitronen- oder Orangensaft
- 2 EL frische Sahne oder 5 g weiche Butter
- 1 Mini-Prise Meersalz

Zubereitung:
Wasser erhitzen und auf ca. 50°C abkühlen lassen. Hirseflocken für Säuglinge einrühren und ausquellen lassen. Aprikosen aus der Dose abtropfen lassen, etwas klein schneiden und zum Hirsebrei zusammen mit den restlichen Zutaten hinzufügen und pürieren. Temperiert füttern.

Tipp: Aprikosen enthalten viel Eisen und Vitamin B2 – selbst dann noch, wenn sie aus der Dose kommen. Hirse enthält Eisen und Silizium.

Hirse-Brombeer-Brei
Für 1 Mahlzeit ab 7. LM

Zutaten:
- 100 ml Wasser
- 20 g Hirse-Getreideflocken für Säuglinge
- 80 g Brombeeren
- 2 TL frischen Zitronen- oder Orangensaft
- 2 EL frische Sahne oder 5 g weiche Butter
- 1 Mini-Prise Meersalz

Zubereitung:
Wasser erhitzen und auf ca. 50°C abkühlen lassen. Hirseflocken für Säuglinge einrühren und ausquellen lassen. Brombeeren gut waschen und zum Hirsebrei zusammen mit den restlichen Zutaten geben und pürieren. Temperiert füttern.

Tipp: Brombeeren enthalten viel Vitamin C, welches die Eisenaufnahme verbessert. Brombeeren enthalten zudem auch Mangan, ein Spurenelement, das ausgeglichen und zufrieden macht. Hirse enthält Eisen und Silizium.

MAISSTÄRKE- UND REISSCHLEIM-TRUNK

Tönnies konnte beobachten, dass einige Säuglinge durch Konsum industriell hergestellter Säuglingsmilch unter Unruhezuständen litten, die er auf ein Überangebot an Vitaminen, Mineralstoffen und Spurenelementen zurückführte. Maisstärke sowie auch Reisschleim enthalten sehr wenige Nährstoffe, sodass das Überangebot bei der Verstoffwechselung reduziert wird. Betroffene Säuglinge konnten danach wieder in den Schlaf finden und waren ausgeglichener.

Weder der Maisstärke- noch der Reisschleim-Trunk ersetzen eine ganze Mahlzeit. Sie sind lediglich als Ergänzung zu einer Milchmahlzeit gedacht.

Maisstärke-Trunk Grundrezept nach H. Tönnies für 1 Mahlzeit ab 6. LM möglich

Zutaten:

- 200 ml Wasser
- 1 Prise Meersalz
- 1 Prise Rohrzucker
- 1 TL (gestrichen) Maisstärke (z.B. Maizena)
- 2 EL Sahne

Zubereitung:

Maisstärke im Wasser glatt rühren und dann zusammen mit dem Zucker und dem Salz in einem Kochtopf aufkochen lassen. Kurz abkühlen lassen und dann die flüssige Sahne unterrühren. Temperiert füttern!

„Maisstärke-Trunk“ ist nur als Ergänzung gedacht und kein Ersatz für Säuglingsfertigmilch oder Muttermilch!

Maisstärke-Trunk mit Blaubeere

für 1 Mahlzeit ab 6. LM möglich

Zutaten:
- 200 ml Wasser
- 1 Prise Meersalz
- 1 Prise Rohrzucker
- 1 TL (gestrichen) Maisstärke (z.B. Maizena)
- 2 EL Sahne
- 40 g Blaubeeren

Zubereitung:
Maisstärke im Wasser glatt rühren und in einem Kochtopf aufkochen lassen. Blaubeeren waschen und pürieren und mit zu dem Maisstärkebrei geben. Alles kurz abkühlen lassen und die flüssige Sahne sowie das Meersalz unterrühren und evtl. noch einmal pürieren.

> **„Maisstärke-Trunk“** ist nur als Ergänzung gedacht und kein Ersatz für Säuglingsfertigmilch oder Muttermilch!

Maisstärke-Trunk mit Banane

für 1 Mahlzeit ab 6. LM möglich

Zutaten:
- 200 ml Wasser
- 1 Prise Meersalz
- 1 Prise Rohrzucker
- 1 TL (gestrichen) Maisstärke (z.B. Maizena)
- 2 EL Sahne
- 2 Tropfen Zitronensaft
- 40 g Banane

Zubereitung:
Maisstärke im Wasser glatt rühren und in einem Kochtopf aufkochen lassen. Banane pürieren und mit zu dem fertigen Maisstärkebrei geben. Alles kurz abkühlen lassen und die flüssige Sahne, die Zitrone sowie das Meersalz unterrühren und evtl. noch einmal pürieren.

> **„Maisstärke-Trunk“** ist nur als Ergänzung gedacht und kein Ersatz für Säuglingsfertigmilch oder Muttermilch!

Maisstärke-Trunk mit Birne

für 1 Mahlzeit ab 6. LM möglich

Zutaten:
- 200 ml Wasser
- 1 Prise Meersalz
- 1 Prise Rohrzucker
- 1 TL (gestrichen) Maisstärke (z.B. Maizena)
- 2 EL Sahne
- 40 g Birne

Zubereitung:
Maisstärke im Wasser glatt rühren und in einem Kochtopf aufkochen lassen. Birne waschen, schälen und klein schneiden und in einem separaten Topf weich garen. Alles kurz abkühlen lassen und die flüssige Sahne sowie das Meersalz und den weichen Birnenmus unterrühren und evtl. noch einmal pürieren.

> **„Maisstärke-Trunk“** ist nur als Ergänzung gedacht und kein Ersatz für Säuglingsfertigmilch oder Muttermilch!

Reisschleim-Trunk mit Melone

für 1 Mahlzeit ab 6. LM möglich

Zutaten:

- 200 ml Wasser
- 1 Prise Meersalz
- 3 TL Vollreisflocken (für Säuglinge)
- 40 g Melone
- 2 EL Sahne

Zubereitung:

Wasser zum Kochen bringen und vom Herd nehmen. Die Vollreisflocken unterrühren und ausquellen lassen bzw. die Zubereitungsart auf der Verpackung beachten.

Melonenfleisch pürieren, die flüssige Sahne sowie das Meersalz und die pürierte Melone unterrühren und evtl. noch einmal pürieren.

!

„Reisschleim-Trunk" ist nur als Ergänzung gedacht und kein Ersatz für Säuglingsfertigmilch oder Muttermilch!

Reisschleim-Trunk Grundrezept nach H. Tönnies

für 1 Mahlzeit ab 6. LM möglich

Zutaten:

- 200 ml Wasser
- 1 Prise Meersalz
- 3 TL Vollreisflocken (für Säuglinge)
- 1 Prise Rohrzucker
- 2 EL Sahne

Zubereitung:

Wasser zum Kochen bringen und vom Herd nehmen. Die Vollreisflocken und den Rohrzucker unterrühren und ausquellen lassen bzw. die Zubereitungsart auf der Verpackung beachten. Kurz abkühlen lassen und die flüssige Sahne sowie das Meersalz unterrühren. Temperiert füttern!

„Reisschleim-Trunk" ist nur als Ergänzung gedacht und kein Ersatz für Säuglingsfertigmilch oder Muttermilch!

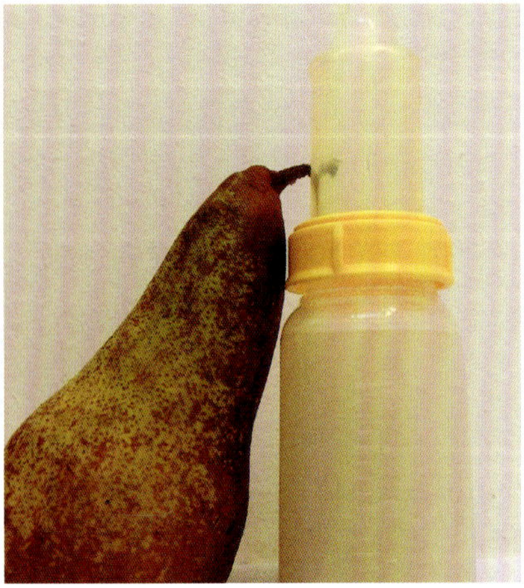

Reisschleim-Trunk mit Birne

für 1 Mahlzeit ab 6. LM möglich

Zutaten:

- 200 ml Wasser
- 1 Prise Meersalz
- 3 TL Vollreisflocken (für Säuglinge)
- 40 g Birne
- 2 EL Sahne

Zubereitung:

Wasser zum Kochen bringen, vom Herd nehmen und auskühlen lassen bis es eine Temperatur von ca. 50 bis 60 °C erreicht hat.

Die Vollreisflocken unterrühren und ausquellen lassen. Birne waschen, schälen und klein schneiden und in einem separatem Topf weich garen.

Alles kurz etwas abkühlen lassen und dann die flüssige Sahne sowie das Meersalz und den weichen Birnenmus unterrühren und evtl. noch einmal pürieren.

Reisschleim-Trunk mit Kirschen

für 1 Mahlzeit ab 6. LM möglich

Zutaten:

- 200 ml Wasser
- 1 Prise Meersalz
- 3 TL Vollreisflocken (für Säuglinge)
- 40 g Kirschen
- 2 EL Sahne

Zubereitung:

Wasser zum Kochen bringen und vom Herd nehmen. Die Vollreisflocken unterrühren und ausquellen lassen.

Kirschen waschen, entsteinen und pürieren und die flüssige Sahne sowie das Meersalz und die pürierten Kirschen unter den Reisflocken-Trunk unterrühren und evtl. noch einmal pürieren.

„Reisschleim-Trunk“ ist nur als Ergänzung gedacht und kein Ersatz für Säuglingsfertigmilch oder Muttermilch!

NAHRUNGSMITTEL FÜR BABYBREI

Gemüse
Broccoli
Pastinake
Zucchini
Blumenkohl
Karotte
Kohlrabi
Kürbis
Fenchel
Rote Bete
Salatgurke
Bio-Avocado
Wirsing
Grünkohl
Rosenkohl

Nach 8 Monaten:
Tellerlinsen
Paradinalinsen
junge Erbsen
Schälerbsen
Kichererbsen

Fleisch
Hähnchenschenkel
Beefsteakhack
Kalbsschnitzel
Lamm

Nach 6 Monaten:
Ohne Pökelsalz:
Kochschinken
Wiener Würstchen
Rotwurst

Fisch
Lachs
Hering
Makrele
Sardine
Kabeljau
Scholle
Flunder
Zander
Heilbutt
Forelle
Keine Räucherware!

Nach 8 Monaten:
Fischrogen
Jakobsmuscheln

Getreide
Säuglingsgetreideflocken:
Weizen
Dinkel
Hafer
Hirse
Polenta
Reis
Getreide immer mit Butter oder Sahne kombinieren
Kein Frischkorn!

Nudeln
Brot
Cornflakes
Zwieback (ungesüßt)

Schein-Getreide
Nach 1 Jahr:
Amaranth

Nach 2 Jahren:
Quinoa

Obst
Banane
Birne
Apfel
Pflaume
Kirsche
Blaubeeren
Brombeeren
Himbeeren
Honigmelone
Pfirsich
Nektarine
Orange
Zitrone
gelbe Pampelmuse

Milch
Die ersten 6 Monate:
Säuglingsmilch (Pre-, HA-)

Nach 6 Monaten:
bis 200 ml Kuhmilch tägl. (mind. 3,5 % Fett)

Nach 12 Monaten:
Kuhmilch als Getränk möglich

Käse/Ei
Nach 6 Monaten:
frisch geriebener Parmesan

Hühnerei, gegart!

Fett und Öl
Rapsöl
Walnussöl
Leinöl
Sonnenblumenkernöl
Olivenöl
Butter
Sahne
Butterschmalz
Bio-Schweineschmalz
Pro 190 Gramm Brei 8 Gramm Fett, pro 220 Gramm Brei 10 Gramm Fett

Wenn möglich frische Bio-Ware und keine Tiefkühlware!

FINDEX

i love
daddy

Haftungsausschluss

Die Autorin haftet nicht für die erfolgreiche Umsetzung, Wirkung oder Geschmack der vorgeschlagenen Rezepte und Anregungen. Jeder ist bei der Zubereitung für den verantwortungsbewußten und sachgerechten Umgang mit den Lebensmitteln selbst verantwortlich. Schadensersatzansprüche, sofern sie nicht auf Vorsatz bzw. grober Fahrlässigkeit beruhen, sind ausgeschlossen.

Danksagung

Ein dickes Dankeschön möchte ich an meine drei Kinder richten, die einen wesentlichen Beitrag bei der Umsetzung der Bedarfsorientierten Ernährung in der Beikosteinführung geleistet haben. Ganz herzlich möchte ich mich auch bei folgenden PäPKi®-Therapeuten bedanken, die bei der Erstellung dieses Buches behilflich waren. Zu nennen sind: Susanne Biasio, Sr. Maria Gabriela Franke, Karin Bings, Christiane Heidbreder-Schenk, Lars Jürgensen, Dorthe Kastens und Dr. Anne Knopp.